筆尖上的成長

名師教你寫作文 卷一 下

王素敏 編著

Contents 目錄

CHAPTER 01

從閱讀走向寫作
——作文的另一條路

CHAPTER 02

與「優品作文」有約

CHAPTER 03

作文內容之情懷與自我

CHAPTER 04

作文內容之思想與視野

CHAPTER 05

作文表達之語言與結構

CHAPTER 06 作文訓練之積累與整合

作文整體之品格與詩意

CHAPTER
08

讓生命在作文之樹上碩果滿枝

CHAPTER **04**

作文內容之
思想與視野

在決定作文成敗的諸要素中，最核心最關鍵的是作文的思想和視野，這裡的思想既要有「真」的內涵，「精」的觀點，還要有「實」的材料與「寬」的目光。思考充分，視野開闊，發覺生活生命、歷史現實等方面的材料，生成「有我」的獨到見解，目光所到皆成美文。同時，以不同視角看待不同問題，努力做到「橫看成嶺側成峰，遠近高低各不同」；努力做到「大家不同、大家都好」，實現作文中「言之有理」、「言之有物」的目標，堅信「優品作文」是多年累積的必然，讓作文呈現出一個繽紛多姿的世界，做到「因你而動聽」。

一、積累思想之後，才能有自己的想法

構思時，要努力這樣思考：

★人（國家、人類）應該怎樣對待自己、怎樣對待他人；

★個人和人類共同的追求是：文明、進步，追求物質、精神的幸福；

★評價做法、事件和現象：有利於促進個人發展、人類進步、歷史與現實關係；

★評價人：對社會的貢獻與擔當；

★了解自己，以克服缺點，發揚優點；

★了解環境，以和諧相處，共生雙贏。

想讓自己的作文有思想高度，就要有一個「個人→他人、團隊→其它團隊、民族→其它民族、國家→其它國家、人類→自然」的思維流程，從主體到客體、從小我到大我，既是思想的提升，也是視野的拓寬，其中需要注意的是：

★思維的縝密與開放是一組矛盾；

★認識→思維，思路窄偏的原因是想不到、認識不清；

★準確鮮明、深刻獨到的思想見解是我們共同追求的。

1‧挖掘話題內涵，追求思想深刻

★關注人類、人性中的一切美好品德：正直、善良、無私、坦誠、勇毅、愛心、堅韌、勤勞、奉獻、寬容等──真善美，人性的光芒；

★尊重生命、個性（自由）、自然→堅持民族、人類（群體）進步，站在國家民族、人類發展的高度（不是起點而是落點）──人與他人的關係；

★以審視歷史與時代的眼光，表現出時代感、責任感、使命感（這是寫歷史的目的）和哲學感，要有時代氣息、關注社會、關注生活；

★用人類追求真理、科學、良知的眼光和角度看待話題或歷史現實問題；

★增加文化、人文內涵，增加現代感，拓寬國際視野，東西方文化本質的積累和把握等；

★站在時代高度，結合歷史背景，分析內在規律，體現人性和社會本質。

2. 思想深刻的方法無論什麼樣的材料與話題，看問題要從辯證、聯繫、發展的角度出發，不絕對化；體現聯繫的觀點（推因論果）、發展的眼光和一分為二的意識。

★從詞義出發：基本義→引申義→象徵義；

★切入角度範圍：局部與整體、個別與一般、現象與本質、主觀與客觀、內因與外因、偶然與必然等，思維要做到：

往深處想：原因（本質）；

往大處想：意義；

往遠處想：影響；

往反處想：後果；

聯繫類比：類比。

二、提升思想和積累素材

這是一個因人而異，時時處處都應做到的功課。古人說：「長期積累，偶然得之。」用在這點上是再恰當不過了。為此，我們不妨在積累時做到：

1. 個性化閱讀與積累

（1）專攻幾個作家（人物）：將一個人物作為一個生命歷程、生命現象；

（2）關注某一領域：如文藝、哲學、科學、環保等；

（3）關心一個民族或幾個民族：例如猶太民族、俄羅斯民族；

（4）關注某一自然現象：山水、草木（例如：九寨溝、都江堰、阿爾卑斯山、胡楊、松柏等）；

形成：一個自己深知並用熟的個性化材料庫；專攻把握相對精深（不僅知道事，更要領悟其中蘊含的思想），突顯過人之處；與通識性材料配合使用。有些同學以為拓寬視野，只是要多知道些、收集些材料。「知識」當然要積累，但更重要的是要廣泛地接受人類的進步思想。

不要僅把作家當成文學常識，要當作一個生命現象來體察，來思考。

做一個有思想、有故事的人。

★留心思考自己熟悉的生活；

★利用教材中的思想與材料，注意利用課文中的文化營養；

★範文引導，提升己見，共性：有頭腦，有情懷；胸懷與境界，視野與志趣，良知與責任感；

★教師引導、個人發掘：教師幫你打開一扇門，你要沿著那思想的光輝去追求，再讀、拓展、思考、記憶、使用；

2．材料的使用

★材料的切取與轉述是成敗的關鍵：多想一步——我要用它幹什麼？

★敘例訓練：「人物述評」一百一兩百字，要求：扣題、證明觀點；

★析例訓練：敘後分析，揭示內涵、點題（主題）、扣題（話題）。

「例證法」的三要素：敘、析、評讓我們一起看下面幾段示例，體會其思想之深刻與視野之開闊。

【示例1】在讀過海明威的小說《老人與海》之後，從中思考這樣一個問題：

桑提亞哥教會了我什麼？

★〈真正的硬漢〉

從桑提亞哥身上，我真正地體會到了硬漢的形象。老漁夫一個人在茫茫海上與大自然抗爭，憑藉頑強的意志，他最終擊敗了自然。要想成為硬漢，不單要擁有超強的毅力與不屈的精神，更要有一顆熱愛生活、開朗樂觀的心。只有這樣的人，才能在危急關頭真正剛強起來。正是求生的意志，使桑提亞哥忘卻了膽怯與恐慌，從心底迸發出不竭的力量，迎著生命的陽光，走出困境。

廣而言之，硬漢是一個群體，一些有明確的價值觀甚至信仰的人們，捍衛自己的尊嚴，實現自身價值，便可說是硬漢。當他們遇到困難時，因為內心存在著目標，便不會感到茫然無助，相反，一種對於尊嚴、生命甚至信仰的渴望便使得他們以尊嚴、生命、信仰的力量與困難抗爭，成為不倒的硬漢。

我們每個人都有夢想，但卻不是每個人都是硬漢。只有當真正有價值的精神上的夢想受到威脅時，人才真正擁有了力挽狂瀾的決心與氣吞山河的氣概。這便是硬漢，不是簡單的堅強，而是猶如生命般堅韌。所有的硬漢都是這樣，在被迫強硬中真正強大起來，在實現夢想後成為千

百萬人內心的夢想。

★讀過〈鬥鯊〉一文，裡面的人鯊大戰給我留下了深刻的印象，桑提亞哥在這一場大戰中教會了我戰鬥。我得說，我很佩服他在自知必敗的情況下的戰鬥，但這裡的「敗」，僅指鯊魚成功地吃到了魚而已；而從另一個角度來說，他的經歷不是簡單的雖敗猶榮——他根本不是敗者。

「人不是生來要給打敗的」，這本身便是戰鬥的宣言。人不是為被打敗而生，而是為戰鬥而生。與生活中的挫折與磨難戰鬥。也許，最後你得不到你想要的，但你的靈魂早已在戰鬥中經過了一場洗禮，站上了一個新的高度。於是，戰鬥過後，你也能像桑提亞哥那樣坦然地俯視先前的一切，包括「擊敗」了你的那些事，你能說這不是一種勝利嗎？一個人的身體可以被打倒，但只要他戰鬥了，他的靈魂就不倒，他就是勝者，你若有一個不屈的靈魂，腳下就有一片堅實的土地，你就是一個大寫的人。

在戰鬥精神日趨匱乏的今天，我想，他的這份戰鬥精神就更為可貴。如果，我們的社會中能多一些像桑提亞哥這樣的人，勇敢地與種種被人們視而不見的問題戰鬥，反腐也許就不會這麼難，那些騎在百姓頭上作威作福的人也許就不會這麼肆意妄為，長期被社會呼籲的體制改革也許將更為順利——誰知道呢？

反正，桑提亞哥先教會了我戰鬥，我希望我能像他那樣，做一個戰士，一個精神上的勝者，在不屈的戰鬥中成為一個大寫的人。

【示例2】在讀過馮友蘭的《人生境界》之後，思想便可得到昇華：

★通向天地境界的道路，是一條朝聖的心路。居於天地境界的人，一定是面對苦難而不放棄信仰的人，所謂有信仰者，必要有一崇高的價值追求。在當今社會，抵制消費而選擇享受，努力創造而不企求佔有，這種對於自身價值不懈追求的人，便是有信仰的人。我相信，凡有信仰

者，便懂得敬畏自然，因而能與天地共存，擺脫一切困惑而達於坦然，這時的大徹大悟，便是信仰更為明晰的展現，是達於天地境界的標誌。一個人，做著平凡的事，但只要他自己認為這不平凡，便沒人有權力忽視他。自尊的人被他人尊敬，選擇自己的人也必將被天地選擇。人生境界，脫不了義與利，但是在義與利之外，的確還有一種輕鬆美麗的更值得一過的人生，那是使我們活得更有氣度的一段天倫之旅，是達於天地境界後的另一片天地。

★道德境界是既容易達到又很難達到的境界，相較於超然於世的天地境界它更容易達到，而相較於安分自我的功利境界，則很難達到。動物都是有趨利性的，類似植物向光而生，人往往也都趨利而存己，這是人性使然。然而，人既存於社會，便不斷在獲得利益的摩擦與碰撞中出現了一種善惡美醜的標準，即道德。之所以稱之為情感，因它是由情所生，因情所感，道德是立於情感之上的，這也是一種覺悟。作者所說的道德境界是存於古代的現代理想，而道德境界就今日的社會而言是不得不打折扣的。今日能達到道德境界的人常常是一隻腳踏進了道德境界，而另一隻腳依舊留於功利境界中，現代慈善家大多如此，因利而趨德，亦因德而獲利，利己也利社會，無可非議。縱觀現代社會，我們不應該也無力奢望尋得哪怕一個全身心於道德境界中的人，看看拜金主義肆虐的現代，撢撢我們身上數不盡的添加劑，那些人在道德境界中大概連半個腳印都未曾留下。

【示例 3】在讀過〈人類良心的一 那〉後，定會有同樣的思想認識的提升：

★「良知是內心的審判者，有良知的人才有壓力，而且是內向的壓力。」知識分子的良知便是社會的良知。這種良知不能被眼睛察覺，卻需要用心去感知和捕捉。這種良知不在於你宣洩了多少，吶喊了幾聲，而在於你對自己靈魂拷問的程度與思維的深度。當今社會，從論壇到微

博，人人一副正義凜然的樣子，幫助媒體或個人散佈消息，實則卻是缺乏良知的體現，左拉聽拉扎爾的言論後並沒有輕易倒向聲討政府的行列，而是引發了興趣並為之搜集證據，這才是知識分子、作家、媒體人應有的良知。如今越是諷刺批判的就越被大家廣泛傳播，媒體只看點擊率不問事實真相地向群眾傳達著一個被誇大和渲染的世界。更可怕的是人們傳而不察，全然一副憂國憂民的姿態。當我們輕點滑鼠之前，是否應該想想左拉，想想真正的良知與正義。

　　★「一萬種高調的理由，也抵不上一顆滾燙的良心。」這句話一下子鎮住了我。良心，何止是對知識分子重要，對任何一個真正意義上的公民，良心都是最重要的，有良心的人行為不會偏離真與善。有社會良知的人面對權力強加於社會之上的虛假與荒謬不會沉默，而會像左拉那樣奮起抗爭，大聲控訴，喚起更多人的良知。這樣，這個社會才不至陷於歧途，才有希望。反觀我們自己，這些年有多少社會性事件，我們的「學者」最多是發表幾句隔靴搔癢的評論，甚而更有唯上是從，甘當權力傳聲筒者睜眼說瞎話。我們所謂的知識分子，良心何在？哀哉！無須納悶為何我們的天平永遠傾向權力一方，弱勢的德雷福斯們永遠是弱勢——我們那些靜觀秤盤晃動的有學問者，誰會像左拉那樣用自己一顆滾燙的良心做砝碼，與權力壓下來的那一萬種高調的荒謬對抗呢？

　　一篇文章沒有思想於人無益，所以，作文要有思想，要從平時對閱讀和生活兩大方面進行多角度、立體化地、辯證地思考和深入挖掘，從「要作文，先做人」的人生磨礪和境界中提升。文章立意在準確的前提下，要有健康樸實、求真求實、向上向善、厚重深刻和創新的內容傾向。

　　作文要有個性，不可人云亦云，要有深度，不可淺嘗輒止，這是一個必須經歷的思想訓練過程，有了這一過程具體為文時還要注意「言之有物」，即要有充實的內容，有了「物」，那美妙的思想才會有依托，才

會生動而明確地表達出來，才能真正做到「言之有理」，從而抵達讀者
的心靈，引起震撼。

【題目呈現】閱讀下面的材料，根據要求寫一篇不少於八百字的文章。

今年世界讀書日這天，網上展開了關於「淺閱讀」的討論。

甲：什麼是淺閱讀？

乙：就是追求簡單輕鬆、實用有趣的閱讀嘛，淺閱讀很時髦的。

丙：如今是讀圖時代，人們喜歡視覺上的衝擊和享受。

丁：淺閱讀就像吃速食，好吃沒營養，積累不了什麼知識。

乙：社會競爭激烈，生活節奏這麼快，大家壓力這麼大，我想深閱讀，慢慢品味，行嗎？

丙：人人都有自己的閱讀喜好，淺閱讀流行，閱讀就更個性化和多樣化了，挺好。

丁：我很懷念過去的日子——斜倚在書店的一角，默默地讀書，天黑了都不知道。

甲：淺閱讀中，我們是不是失去了什麼？

要求：選準角度，明確立意，自選文體，自擬標題；不要脫離材料內容及含意的範圍作文，不要套作，不得抄襲。

【解題簡析】這是一則時評類的材料，要求就「淺閱讀」展開自己的思考和闡述。材料中有對「淺閱讀」的認可，「簡單輕鬆、實用有趣」、「衝擊和享受」；也有對「淺閱讀」的否定，「積累不了什麼知識」；更有對「淺閱讀」成因的探究，「生活節奏快，大家壓力這麼大」，而無奈選擇淺閱讀。但材料的關鍵之處，在於「淺閱讀中，我們是不是失去了什麼」引導大家對淺閱讀進行深刻的剖析，從中不難看出材料的傾向性。

下面幾篇文章，對此都給予了自己的思考與回答，讀來引人深思。

淺讀哪知深滋味

李鳴岳

北京八中二〇一二屆，現就讀於臺灣輔仁大學。
我熱愛傳統文化，古老的唐詩宋詞中細膩而又充盈的美好情感滋潤著我的心靈，
讓我用一個全新的視角審視生命中的飛花落葉，願詩意地棲居。

　　越來越快的生活節奏和愈加豐富的娛樂生活催生了淺讀現象的流行，它能夠使讀者在短時間內獲取大量的實用信息或放鬆情緒，但通常僅適合於手冊、工具書或娛樂類圖書。目前一些經典名著的簡寫本、導讀，文學名著若干題之類圖書的出現，以及由此對經典名著的這種「提要」式的淺讀方式，迅速取代了傳統的韋編三絕式的深閱讀，這不能不引起我們的警覺。

　　閱讀，是思想乃至心靈與作者的交流，而淺讀的第一要義卻是效率與粗淺。直白的話語、豐富的圖畫代替了那含蓄優美、散發著濃鬱墨香的古老文字，濾掉了經典名著歷經歲月的積澱而釀就的醇香，掠奪了讀者在文字背後的想像權利和想像空間。直白的文字，怎樣才能描繪出「舞低楊柳樓心月，歌盡桃花扇底風」的極盡繁華？沒有沉靜的心靈，怎麼能體悟出「恰似一江春水向東流」的無盡哀愁？唯有用心閱讀才能跨越時空體會作者的心靈與情感，唯有在閱讀中伴隨思考才能通過作者的文字形成自己的感悟和心得。此之謂俯而讀，仰而思，而淺讀既未俯而靜讀，也忽略了仰而深思。長期的淺讀會導致對經典名著的膚淺化理解，對傳統文化的蒼白性認識，使得文字漸漸喪失深度和意境。更令人憂慮的是，淺閱讀削弱了人們的求知欲望，降低了我們的審美情趣和藝術鑒賞力，其結果

必產生思想的荒蕪、思考的惰性和審美的貧乏與蒼白！

　　經典的魅力是淺讀無法傳達的，經典的價值更是淺讀無法收穫的。就如「字字讀來皆是血」的《紅樓夢》之所以長盛不衰，不僅僅是因為文字的工雅，更是因為這部書包羅萬象。有人讀它讀出愛情的悲劇，有人讀它讀出階級鬥爭，甚至醫藥家、服裝家、民俗家、美食家都能從中獲益良多，這些豈是淺讀能帶來的？上起《離騷》中的雄奇瑰麗蔚為大觀，下至《水滸》字裡行間傳遞出好漢們的義薄雲天，淺讀豈能領會個中滋味？錢鍾書的旁徵博引、高屋建瓴又豈是淺讀能讀得來的學問？

　　淺讀的蔓延，反映了社會功利性的氾濫。書房裡的精美典籍已經成了裝點門面的文化符號，而不再是滋養心靈的甘露、啟迪智慧的明燈。殊不知，金玉其外與腹有詩書有著天壤之別。人們將一切行為都納入了投入產出的經濟核算中，甚至耐不得開花結果的時間等待。然而，個人乃至社會的進步，都需要豐厚的文化底蘊作為積澱，需要精神的高度來引領展望未來的眼光，需要積跬步以至千里的踏踏實實的努力。誇誇其談、急功近利是社會進步的大敵，也是增進個人修養的大忌。

　　通俗讀物或許可以安慰人於一時，但持續不到久遠；或許可以調節人的情緒，但滋潤不到靈魂。永遠能安慰和滋潤人靈魂的，只能是經過時間淘洗的經典，因為它保留了人類對外部世界和內在心靈最艱苦的開拓歷程，也最能證明人的心智所能達到的精神高度。淺讀哪知深滋味？讓我們拋卻功利，靜下心來深讀。

　　深閱讀，讓我們在忙碌中觀照內心，在快節奏中涵養性情，讓心靈如水般的澄明純淨，讓思想如雲般的自由舒展。深閱讀的幽遠與深邃，蕩滌著對生命的感悟，拂掠去塵世的喧囂與污垢。

　　（高二作文）

從「淺讀哪知深滋味」中可見作者的觀點為反對淺閱讀、主張深閱讀，於是如何理論就成了文章的關鍵。開篇針對現實提出「警覺」，然後以有力的論述和無可爭辯的事實證明深閱讀的價值，第二段酣暢淋漓地鋪陳「此之謂俯而讀，仰而思」，是作者的思考。在此基礎上，第三段繼續強調經典的魅力，以《紅樓夢》、《水滸傳》為例，與下一段形成對照，強調個人乃至社會都是需要深閱讀的。本文語言表現力較好，流暢清晰中不乏工雅，長於說理且不乏大量典型材料支撐其論點。

王素敏

漫談淺閱讀

周旭

北京八中二〇一二屆，現就讀於中國農業大學。
文字於我而言，絕不是應付考試的工具，而是自己成長道路的見證者。
先敬畏文字，再駕馭文字，用它雕琢時光，待到年華老去再來品讀，
才會別有一番風味。生活之美不過嘗世間百味，品甘醇抑或澀苦，
將往事點滴皆著墨，回首笑談中，拂去衣上紅塵土。

所謂「淺閱讀」，重點和新奇不在於閱讀，而在於「淺」。

陶潛有言：「好讀書，不求甚解，每有會意，便欣然忘食。」可見東晉時的陶淵明便是淺閱讀的推崇者。因此，淺閱讀並非是快節奏現代生活的產物，但不得不承認，隨著生活的不斷「提速」，淺閱讀也逐漸流行開來，成為一股時尚新潮流。

淺閱讀盛行的當今社會中，仍有不少人對這種閱讀方式提出質疑，甚至於批判。似乎「深」總是好的，「淺」則難免要劣。其實，只要人有讀書的意願，或深或淺都是好的。因為淺閱讀與深閱讀的目的不同，不能一概而論。

淺閱讀是一種帶有功利性的閱讀。

所謂「閱讀」便是知識的輸入，淺閱讀並不是把重點放在「輸入」，反而更看重知識的產出。諸葛亮識天文懂地理，夜能觀星，又通音律，這樣一個奇才定然喜好讀書，涉獵廣泛。而諸葛亮的閱讀便是淺閱讀，凡文者，觀其大略即可。讀書，不正是為了將書中的知識運用到生活中嗎？淺閱讀，正是讓讀者抓住書中大意，取其精華，化為己用。而人們所懷念的深層次閱讀則不完全是一種閱讀方式，更是一種精神境界。能深閱讀的人，往往並不在乎得到的知識能有多少產出。他們反而是在享受讀書本身，將靈魂從物質中剝

離，與書頁融為一體，以謀求一種精神上的滿足。因此，帶有不同目的之人選擇不同的閱讀方式，各取所需，本無可厚非。只要清楚何時選擇何種適當的閱讀方式即可。

然而，習慣了淺閱讀的人很難再回到深層次的閱讀中去，習慣了深層次閱讀的人又不屑於淺閱讀，雙方各執一詞，水火不容，這才造成了淺閱讀與深層次閱讀的矛盾。有人把淺閱讀比作粗糧，而把深閱讀比作鮑魚。我認為這樣的比喻可謂一針見血。光吃粗糧，一張嘴難免溢出一股棒碴子味，讓人顯得膚淺，缺乏內涵。光吃鮑魚，難免消化不良，這時還需要補充粗糧。因此，深閱讀與淺閱讀相輔相成，相得益彰。

淺閱讀中，我們不能失去一顆寧靜的心。

深閱讀中，請抬頭聽聽窗外世界的聲音。

（高二作文）

開篇即一針見血，「重點和新奇不在於閱讀，而在於『淺』」，可見作者思考之獨到，以陶潛的例子加以佐證，時間跨度可謂大矣，之後得出「只要人有讀書的意願，或深或淺都是好的」這一中心論點，可見作者看問題很全面很理性，並未一味地指責淺閱讀。第三段著重分析不同目的深淺閱讀只是閱讀方式的不同而已，並以諸葛亮的事例再次有力地論證了其觀點，並得出「帶有不同目的之人選擇不同的閱讀方式，各取所需，本無可厚非」這一結論，最後兩段的對照總結，引人深思，耐人尋味。語言清麗，思路清晰，行文頗有章法。

王素敏

回歸深閱讀

李心媛

北京八中二〇一二屆，現就讀於清華大學。
熱愛運動、戲劇。說話京腔濃重，
喜歡有京味兒的東西，比如老舍的小文。

　　淺閱讀是時下一種時髦的說法，這種簡單輕鬆、實用有趣的閱讀方式與快節奏的生活相適應，被人們廣泛接受。但是我更羨慕、更欽佩回歸深閱讀的人，因為他們有機會調動各種感官，體驗作者與讀者之間的心靈對話。

　　經典無疑是莊重而偉大的。不過，現實生活中影響至深的，常常不是學者皓首不能窮的元典，而是刪繁就簡加了解說的選本。經典再經典，濃縮再濃縮，突出了主要內容，其背後的文化底蘊卻漸漸被人淡忘。我曾讀過一篇散文，作者看到山裡的孩子讀撿來的舊書，其中的《蜀道難》一字不差，而城裡孩子為了應付考試，只背一句「蜀道之難，難於上青天」，這難道不是自詡為有文化的淺閱讀者的悲哀嗎？

　　讀余秋雨的《尋覓中華》，我體會到深閱讀的魅力。三十年前，余秋雨潛跡半山的蔣家藏書樓中，研讀古代文化典籍，他說：「我的生活立即變得純淨，我的心態變了，好像層層疊疊的山坡、山樹、山嵐一齊挾著我蹬開了山下的渾濁喧囂，使我飄然升騰。」我不敢說這次深閱讀改變了余秋雨，但它促使余秋雨開始慎重地思考一個大課題：什麼是華夏文明？什麼是炎黃子孫？一個普通人，甚至是學者，若沒有任何動機，怎麼會在那個動盪的年代思考如此恢

弘的問題？是深閱讀激發了余秋雨的求知欲，又促使他將文化的魅力傳播給更多願意投身書籍的人。

其實，選擇深閱讀即選擇了一種精緻的生活，一種食不厭精、膾不厭細的生活態度。我們在淺閱讀中直接獲取信息，很少認真思考。我們失去思考、鑽研的主動性，得到的僅是一時的方便和快感，或者是茶餘飯後的談資，或是人群中炫耀的資本。而在深閱讀中，我們解放想像的翅膀，不斷提出問題，並嘗試通過深入思考來解決問題，化被動為主動。

陳省身曾說：「讀前人的書，欠前人的債。」讀書為何會有負罪感？因為陳老從書中掘取的太多，如今又有幾個人能做到「讀書欠債」？回歸深閱讀，使我們尊重作者，反覆利用書籍中的資源和智慧，每一次深閱讀都幫助我們挖掘先賢們不竭的智慧和博大精深的文化內涵。在快節奏的生活中回歸深閱讀，為自己疲憊的心尋找一個安靜的歸宿，在書中覓知音、話人生。

（高二作文）

標題就標明作者的立場，然後從經典說起，說到當今盛行的經典的簡編或解說本，以示「淺閱讀」。然後以自己的讀書體會對比深淺閱讀，很有諷刺意味。接下來以余秋雨為例證明深閱讀的意義，強調「選擇深閱讀即選擇了一種精緻的生活，一種食不厭精、膾不厭細的生活態度」，一語破的，最後以陳省身的話總結耐人尋味，思路清晰流暢，語言簡明有力。

王素敏

深淺閱讀

郭婧怡

北京八中二〇一二屆，現就讀於北京理工大學。
理科宅女，性格沉穩。愛好讀書、聽音樂與手工製作。

　　喜歡讀卡爾維諾的《看不見的城市》，聽 Sarah Blasko 的 Illusory Light。一句有哲理的話與大家分享：「語言是存在之家。」閱讀是一種獲取知識、提升素養的途徑。斜倚在書店的一角，默默地讀書，天黑了都不知道——這是傳統的閱讀方式。如今，一種新的閱讀方式——淺閱讀，正迅速流行開來。

　　傳統的閱讀方式用時長、用心專，不妨稱之為深閱讀。

　　經典著作需要我們用心地深閱讀。深閱讀時，我們一門心思扎進書中，與作者進行心靈的交流，品味鑽研的快樂。不深閱讀，怎能讀懂《道德經》「天下萬物生於有，有生於無」的辯證思考？不深閱讀，怎能品出《紅樓夢》「滿紙荒唐言，一把辛酸淚」的「其中味」？不深閱讀，怎能辨出《等待戈多》荒誕背後的諷刺？深閱讀使我們變得智慧、深刻、豐富。

　　深閱讀時，彷彿世界縮小了，只有自己和書籍。輕輕翻動紙頁，耳邊隱約聽到哲人的囈語、詩人的吟歎，眼前似乎看到青山碧水、黃昏草月。深閱讀為人創造一個靜謐的環境，引起人無盡的想像與聯想，使人獲得遠大於書籍本身帶來的樂趣。深閱讀中，心靈得到淨化，情感得到陶冶。

　　然而，現如今，激烈的社會競爭、快速的生活節奏，使深閱讀

變得越來越困難和奢侈，書籍的沉重彷彿加重了生活的重擔，壓得人喘不過氣來。於是，人們開始了「淺閱讀」。

淺閱讀就是閱讀時不多加思考而跳躍式地「掃讀」。所謂囫圇吞棗、一目十行，它追求的是短暫的視覺快感和心裡的怡悅。在公共汽車、地鐵等嘈雜的公共場所，處處能看到一些人拿著手機、電子書津津有味地進行著淺閱讀。

淺閱讀作為一種適應現代生活而出現的閱讀方式，為閱讀帶來便利。身心疲憊的上班族在工作之餘，不妨流覽一下網頁，跟上時尚潮流，整天鑽研書本知識的學生們在閒暇之時，也不妨翻翻報紙，涉獵一下最近的新聞動向，與時代接軌。淺閱讀不比深閱讀的內涵豐富，卻以其方便快捷受到人們的追捧。

深淺閱讀雖然涇渭分明，但兩者並不相剋。有大把閒暇時光則捧本經典進行深閱讀，時間緊張就選擇淺閱讀。蘇霍姆林斯基說：「很多東西，不必細讀，流覽一下就行了。所有的東西都關乎於時間，你要學會最大限度地使用它。」的確，經典名著切忌淺閱讀，但新聞逸事只用淺讀就足夠了。

閱讀，終究還是一個取悅自己的過程。閱讀方式的選擇是自由的，應視情況而定。或深或淺，在於自己的心態與要求。

（高二作文）

本文先從深閱讀說起，第二段中三個反問排比有力地說明了深閱讀的意義和魅力，接下來進一步分析深閱讀的好處「彷彿世界縮小了，只有自己和書籍」、「深閱讀為人創造一個靜謐的環境，引起人無盡的想像與聯想」。之後筆鋒一轉寫淺閱讀的現實存在和它的特點，最後得出「深淺閱讀雖然涇渭分明，但兩者並不相剋」，這樣很辯證的觀點，「所有的東西都關乎於

時間」。行文流暢清晰，語言簡練中不乏生動，可讀性強。

王素敏

【題目呈現】閱讀下面材料，按要求完成作文。

青山遮擋流水，也許是想留住一段美麗，也許是怕流水受不了遠方的風塵，也許只因青山太高大，一時阻礙了流水的道路⋯⋯無論怎樣，「青山遮不住，畢竟東流去」。

請以「青山遮不住」為題，寫一篇作文，自定立意，自選文體，詩歌除外，不少於八百字。

【解題簡析】就所給材料而言，此題的意圖是希望大家廣開言路，三個「也許」暗含著青山遮擋流水的原因，也給我們立意提供了參考的角度，而「無論怎樣」又昭示著作文立意時更要考慮到「畢竟」，即最終結果是流水東逝。所以，審題思維的兩步如下：

★青山與流水：明確各自的內涵：「青山」──困難、障礙、時代、禁錮、長輩庇護、反動勢力、舊思想、舊制度等；「流水」──晚輩、信念、勇氣、毅力、新思想、新事物、歷史趨勢等；

★兩者關係：衝破、勇往直前、超越、山好水好；山水相互成就美，現實與未來、阻礙與超越等；既然「遮不住」，該如何看待，是積極還是消極，即一種趨勢、一種規律、一種必然，思考是什麼以及為什麼；

★需要注意：本題暗含關聯式，要避免只揭示其中一個意象的內涵，行文中偏向一方而不周全。

研讀下面範文，從中或多或少會有些感悟或借鑒。

青山遮不住

張湛

北京八中二〇一二屆，現就讀於北京郵電大學。

一雙炯炯有神的眼睛裡永遠閃爍著真誠、思考和友善的光芒。

秀外慧中的才學和性格，總是讓人喜歡。

自強堅毅、不怕困難的果敢似乎總能讓人想起柔中帶剛的特點。

青山巍峨佇立，高聳入雲，流水清靈澄澈，奔流而去。或許是青山太過高大，竟一時阻擋了流水的道路。縱然如此，流水東去的腳步仍無法停止，雖可能有短暫的停留，但它終會越過青山，走入更廣闊的天地。

「青山遮不住，畢竟東流去。」有這樣一些人，他們如青山般高大偉岸，如豐碑般佇立不朽，卻也因此阻礙了後人的道路。但流水終能衝出青山的重圍，景仰依舊，卻不為此停下前進的腳步。

每座青山都有一段故事，他們的高大絕非一日堆積而成。他們也曾篳路藍縷，為人類開闢出一條道路。直到他們的功勳被後人鐫刻，成為不朽。

然而不知不覺中，他們自己站在了昔日闢出的路上——或許害怕被遺忘，或許擔心流水一去不回，也或許是流水眷戀地不願離去。昔時的豐碑，成為今日的障礙。也許青山是主動的，如用三條定律奠定了力學基礎的牛頓，他是如此敏銳，竟發現了巨大的天體與細小的微粒之間的共性。然而，在他成為一代宗師之後卻因嫉賢妒能而反駁後輩正確的理論，竟一度阻礙了物理學的發展！也許青山是被動的，如被譽為「百科全書式的學者」的亞里斯多德，由於盲目崇拜，後人竟信奉他錯誤的觀點長達千年。

但畢竟，青山遮不住，科學的發展不曾停歇，歷史的車輪依然向前。「青山們」的貢獻仍然被銘記，他們的偉大不容置疑，而「流水們」從不停滯，繼續向前，探索著青山之外的風景。

智慧的青山會為流水讓出一條道路——他們主動的退讓並不會讓自己變得矮小，卻能使流水更加清澈寬廣，而被困住的河流只能變為一潭死水。

智慧的流水敬畏著青山，讚歎他們的高度，卻從不甘於匍匐在他們的腳下。

他渴望新的挑戰，渴望去探求新的風景，站在巨人的肩膀上，成為後人仰望的青山。

而我們，是否還被數重青山遮擋住視線了呢？「山外有山，天外有天，」每座山後都有一個全新的世界，所以，請不要過長地停留。

「青山遮不住，畢竟東流去。」青山依然高聳，流水依然奔流。願青山能面帶贊許，目送流水東去；願流水心懷景仰，回望青山巍峨。

（高三作文）

本文思路清晰、語言清雅，娓娓道來中闡述自己的思考，先從「每座青山都有一段故事」說起，說到他們也曾篳路藍縷，然後推進到「不知不覺中，他們自己站在了昔日闖出的路上」，而止步不前。並且從我們熟知的牛頓和亞里斯多德的故事發掘出我們所不知道的方面，十分恰當。在此基礎上進一步論述「青山與流水」的關係，「智慧的青山會為流水讓出一條道路」、「智慧的流水敬畏著青山」，字裡行間充滿著辯證的思考與感恩的情懷。

王素敏

青山遮不住

武凡

北京八中二〇一二屆，現就讀於首都師範大學。

當年小軒窗裡，玉蘭樹下，老師不止一次地教導我寫作文當「帶著枷鎖跳舞」；
而今學著地理，過著在山水間翩然起舞的日子，卻一次次地想念當年咬著筆頭思考
怎樣將腦海中跳躍的奇思妙想裝在「命題」的容器裡的模樣。

青山遮不住明澈迴環的河流，它終究是要東流而下；我們留不
住已去的人，他們終究是要追尋自己想要的東西，這是無奈也是現
實。

人一輩子有幾樣東西是最無能為力也是最痛苦的，包括死亡，
包括逝去的深情。

李白說「相看兩不厭，只有敬亭山」，可是他看遍了敬亭山也
看不到山頂道觀裡傾心一世的玉真公主對他的再一次回眸。望穿秋
水，望穿的也不過是盈盈秋水；望斷愁腸，望斷的亦不過是寸寸柔
腸。望不來曾經的回眸、曾經的溫柔，有些東西過去了就是過去
了，那條蜿蜒河流已然流下瀟湘了，留不住拉不回了，別再守望
了，忘記吧！

落花縱有意，流水卻無情，你說若早知結局如是，情願彼此是
路人，總好過最後轉身頃刻殘忍，可當初是誰認真地說要陪伴要追
隨要一路守下去，是誰願做那博大青山護那清婉流水卻忘了流水無
情，終究是會走的。

青山從不曾是流水的終點，而只是暫時的駐足，流水終究要離
去，何必要留。明知留住的不會是一捧圓滿，只會是一地傷心，卻
還是義無反顧地去留、去守。

這是流水的無情，也是青山的傷心。

命運是攔也攔不住的，劫數是逃也逃不掉的，該留下的總是會留下的，該走掉的也一定會走掉，縱你是千年屹立的青山，他是萬年不枯的流水，也是一樣的。

張愛玲若是青山，胡蘭成便是那流水；崔鶯鶯若是青山，元稹便是那流水；衛鳳娘若是青山，趙無忌便是那流水；吳邪若是青山，張起靈便是那流水。不管是哭鬧打罵哀求還是山盟海誓，都抵不過流水說，他要走了。

流光易冷，寸心易傷。一不小心時間就過去了，有些東西已經消失了，便再也拉不回，那是記憶裡流水伴著青山鶯歌燕舞、桃紅柳綠、鳥語花香，可是看啊，它已經轉到最後一個彎了，前面有爛漫春光。

放下吧，何事苦淹留。

最深的痛醞釀出最真的詩，每一筆每一個字都是點滴血淚凝成的情思，放不下，拉不回，忘不掉，卻又留不住，那一灣流水走了，青山它遮不住。

日升月落，山川入眼，只想再問一句還好嗎，卻也許等不到誰的回答。

時光若止，還能回頭嗎？

回了頭，又能改變什麼呢？

綿延成萬里青山，也終有流過的一天，抓不住的，放手吧！

青山遮不住，故人不堪留。

佛說：冥冥中自有定數，不必強求。

（高三作文）

這是一篇略帶憂傷之美的散文詩式的作文，考場上這樣的文章不多見。對我們大家熟悉的李白與《獨坐敬亭山》分析出了自己的獨特認識，而後一句「何必要留，明知留住的不會是一掬圓滿，只會是一地傷心，卻還是義無反顧地去留、去守」，呼應了開篇的「是無奈也是現實」。而第八段的一系列材料顯示了作者的文學功底，有一種文化氣息。文章語言清麗，富於感染力。

王素敏

青山遮不住

朱思先

北京八中二〇一二屆，現就讀於北京大學。
我是平凡日子裡的普通人，隨性地生活著，
性格在無數的起落沉浮中趨於平和。愛恨分明，做事不苟且。

「青山遮不住，畢竟東流去。」一句詩中盡是無奈，青山明知無法阻擋綠水東流，卻仍徒勞地一「遮」；綠水雖留戀青山，卻仍東流入海。這一「遮」一「流」，雖充滿了無奈，卻也滿含美感。

「青山遮不住」恰如慈母在遊子臨行之時，密密交織的針腳與反反覆覆的叮嚀。

母親自然明白不能讓孩子在自己的身邊度過一生，但當離別真切地到了面前，又難以抑制自己的擔心，想為孩子準備好一切，讓自己來守護孩子。這一「遮」是慈母對遊子難以割捨的愛。

「畢竟東流去」彷彿遊子遠去的背影，孤獨而堅定。遊子也捨不得與母親別離，但他更明白自己的獨立如水之東流般天經地義，毅然而去，滿懷對家人深深的掛念。這一「流」是遊子的成長，更是遊子對慈母之愛最為深沉的報答。

如果說青山綠水之比用在家庭之中雖有離愁但充滿溫情，那若用在國家之中便平添了許多蒼涼與悲壯。

王國維身處清末民初，以其才自知清亡之必然，而以其忠卻又難以接受君上統治的崩塌。看著大清江山綠水東流，王國維這座「山」明知無用卻仍用自己的方式完成了那一「遮」的艱難動作，也為此付出了生命的代價。而時代的洪流也並未因他停止，而是繼

續滾滾東流，造就了一個涅槃的中華文明。

也許有人會說青山的「遮」太過無知，綠水的「流」太過無情。但我覺得，無論是於家還是於國，這一「遮」、一「流」之間，綠水青山都有著極大的默契，山不因水的流走而怨，水不因山的一時遮擋而恨。相反，只因有了這兩個動作，綠水青山的圖景才能夠更為美妙綿長。

「青山遮不住」，放走了流水出征的壯志，卻在遠行的流水中留下了自己的印記。山用自己的一「遮」表明對水的關愛與忠誠；「畢竟東流去」，流走的是流水的拼搏，留下的是綠水對青山永久的懷念。水用自己的一「流」表達對青山的感恩與銘記。

「青山遮不住，畢竟東流去。」青山綠水相互成就，因有青山而綠水不曾任意橫流，因有綠水長流而青山長青。

好一幅美妙畫卷！

（高三作文）

這是一篇充滿情懷的文章，讀來親切感人，不止於言辭，也不止於情懷，是情與理碰撞之後的美的回味。開篇一句「這一『遮』、一『流』，雖充滿了無奈，卻也滿含美感」就奠定了全文不俗的格調，然後以第二、三段分說「這一『遮』是慈母對遊子難以割捨的愛」和「這一『流』是遊子的成長，更是遊子對慈母之愛最為深沉的報答」。一個漂亮的過渡由綿長深沉的親情到蒼涼悲壯的國愛，舉例王國維，十分恰當地論證了自己的觀點，最後兩段對「青山綠水」關係飽滿而深刻的分析，新穎地得出「青山綠水相互成就」的「好一幅美妙畫卷」，首尾呼應。

王素敏

【題目呈現】請以「站在＿＿＿＿＿＿的門口」為題寫一篇文章。

要求：（1）先將題目補充完整，並寫在答題卡上，然後作文；

（2）立意自定；

（3）文體不限，詩歌除外。可以記敘經歷，抒發感情，發表議論，展開想像；

（4）不少於八百字。

【解題簡析】這道開放性的題目，考查思維的寬度和深度，既需要有獨到的眼光，又要有一定的文采積澱作支撐。首先，「門口」就是一個比喻的喻體，帶有一定的象徵意義，並決定了橫線處詞語的性質和範圍；其次，橫線處的詞語可實可虛，比如「十八歲」、「文學殿堂」、「故宮」等，不論哪種，都要注意和「門口」有必然的聯繫，可以合在一起引申聯想。

下面這幾篇文章，在橫線處填寫的詞語及其內涵的挖掘頗有獨到之處，內容豐富，值得學習。

站在聖彼得大教堂的門口

馬文玉

北京八中二〇一二屆，現就讀於清華大學。
細膩大氣和灑脫的文字，給人以鮮明的印象。
沒有女生嬌喘微微的柔弱，而是颯颯英姿，不甘人後。
有著獨立的思考、個性和出眾的才能。曾被評為清華領軍人物。

　　站在聖彼得大教堂的門口，我心潮澎湃。這裡是天主教最具威嚴的聖地啊！縱然如今多了幾分古樸，少了幾分神聖，我卻彷彿依舊能聽到有如天籟的彌撒音樂從敞開的大門裡悠悠傳來⋯⋯

　　站在聖彼得大教堂的門口，我能看到這偉大的宗教曾經的輝煌。每一塊磚石似乎都記載著它壯闊的歷史，每一根巨柱似乎都敘述著十字軍東征的豐功偉績，每一尊雕塑似乎都是一道神諭，指引著歐洲許多民族從苦難中走出，並生存下來。

　　這些雖已成往事，但其中的精神卻歷久彌新，一代一代，傳承至今。甘地的慈悲寬容，德蘭修女的純良博愛，甚至是如今社會普遍尊崇的「普世主義」，哪一個未曾歷經這精神的薰陶？站在聖彼得大教堂的門口，那教堂中一張張拜謁者的虔誠神情與千百年無數篤定信徒的臉彷彿在我眼前重疊，我依稀感覺到信仰的巨大力量鋪天蓋地地向我襲來。

　　我所感到的信仰不只是宗教所賜，它是一個人、一個民族甚至一個國家的精神支柱。它不是火刑架上熊熊烈火灼烤出的愚忠，而是催促人們奮進求真的信念；它不是聖地前灑下的激憤熱血，而是人們希望和平、堅守和平的理想；它不是引發戰事的導火索，而是廢墟上人們希望的源泉；苦難中人們堅持下去的動力。這些豐富著

人類種群的精神內核，是人們精神的依托，由內而外地促進著人們的發展，隨時告誡著每個個體至關重要的一點——什麼應當做，什麼不應當做。

站在聖彼得大教堂的門口，我彷彿沐浴在信仰的力量當中。然而當我轉身向外，不一樣的氣息卻也撲面而來，總說東方與西方都在經歷著一場信仰危機，「上帝與天堂」在科學的發展當中，淪為《聖經》上的傳說，取而代之的是對現實中名利的追逐，那本來以敬畏為基石的信仰大廈一幢幢崩塌，沒有信仰，沒有約束，我們的身體有豪宅供以寄居，我們的靈魂卻無以為托，四處遊蕩。失去了信仰，心靈愈發空虛，精神家園成了一片無人耕耘的荒地，便只有雜草叢生。

然而，令人欣慰的是，人們開始從不同的領域拾回了這份信仰，有人在事業中發掘，有人在慈善中發現，儘管它不再依附於宗教，但信仰的力量依舊強大。是什麼支撐科學家日復一日地鑽研，是什麼支撐文學家面對社會的弊病奮聲疾呼？是信仰換了新裝，向社會與生活回歸。

站在聖彼得大教堂的門口，我更感受到時代在「蛻變」，那舒緩的宗教樂曲由這門口，飄散開去，飄向遠方……

（高三作文）

選擇「聖彼得大教堂」來寫，是需要勇氣的，本文作者就敢於這種嘗試，而且充滿了激情和感染力，作者思考深入，由一個教堂門口的情境而想到古往今來東西方的信仰問題。首段對教堂門口的情境描寫非常切題，語言優美。然後作者的思緒也隨著彌撒音樂飄散開來，想到十字軍東征，想到甘地和德蘭修女，想到歷史上那些苦難的民族……進而披情入理，「我依稀

感覺到信仰的巨大力量鋪天蓋地地向我襲來」，作者在深思信仰是什麼，「什麼應當做，什麼不應當做」這樣簡潔有力深入淺出的答案斬釘截鐵。然後勾連現實中信仰的缺失，最後呼喚信仰的回歸，全文一氣呵成，文脈貫通，首尾呼應，既有理性的深思，更有情懷的綿長，是難得的「優品作文」。

王素敏

站在窯洞的門口

樊茵苡

北京八中二〇一二屆，現就讀於北京大學醫學部。
古典音樂是我的正能量，儘管現在進了醫學院，很多時候和文學無緣了，
但是文字給人的鼓舞不會因時間的流逝而褪色，因為它承載著青春的回憶。

厚實金黃的土地、略呈灰色的天空、大紅的窗花剪紙、白羊肚手帕……走進陝北高原，映入眼簾的便是這些絢麗的色彩。站在那嵌落於千溝萬壑之中的延安窯洞的門口，歷史的滄桑感便撲面而來。

這片溫熱的厚土，沒有江南的鶯飛草長，沒有沿海的碧水藍天，一望無際。

它有紅高粱、黃穀子、紫蕎麥的斑斕，有千年不變的厚重與粗獷，站在窯洞的門口，彷彿在聽一位老者講述崢嶸歲月，展示絢麗的畫卷。

站在窯洞的門口，如黃土般的樸實讓人讚歎。窯洞是不起眼的，如同黃土高原隨處可見的黃土丘。窯洞不事張揚，與黃土渾然一體；窯洞沉穩渾厚，背靠高山，腳踩大地，它是有力度的，因為它與黃土地血肉相連，密不可分。它更與每一個華夏兒女血脈相承，代代相傳。站在窯洞的門口，將樸實的情懷融入心田。

站在窯洞的門口，歷史的奇跡激蕩著人心。窯洞是歷史的精髓，它不負眾望，作為長征的落腳點，抗日的起點，解放戰爭的轉捩點……它承載了歷史的重托，完成了中華民族賦予它的使命。窯洞坐落於一塊神秘神奇而神聖的土地，成了中華民族革命的代名

詞。站在窯洞的門口，不禁讓我想到了歷史的興替，竟然定於幾孔窯洞。靜默的窯洞向世人宣告一個真理：強弱易勢，只是彈指之間。

站在窯洞的門口，從這裡走出來的人值得深思。這些人成為新中國的領導者，成為各行業的中流砥柱。「斯是陋室，惟吾德馨」，或許正是這種簡陋，激勵人們做出最切實際的思考，進而輸送出巨大的力量，這一排排與黃土地緊密相連，與黃土高原渾然一體的窯洞，已不僅僅是簡陋的遮風擋雨的棲身之所，更是一排排的「思想者」，更是一座座紅色的豐碑。

窯洞是歷史沉澱的沃土凝成的精華，更是度量人生境界的一架天平。想到那些住過窯洞的革命先輩，他們開闊的胸襟、頑強的意志、偉大的人格、崇高的奉獻和犧牲精神。站在窯洞的門口，我們有什麼理由為生活中的挫折而垂頭喪氣？有什麼藉口在困難面前選擇逃避放棄？窯洞不僅讓人仰望，更教會人腳踏實地。

站在窯洞的門口，在俯仰之間，我們放棄了退縮的念頭，走進窯洞，更要窯洞走進我們的心裡。

（高三作文）

「窯洞」無論如何是出乎我們的意料的，因此本文的選材與見解就很新穎了，有些「先聲奪人」了。讀罷更為作者駕馭語言的能力和思考力而叫好。開篇列出了陝北特有的景色和意象，形象生動，然後因境生理，「站在窯洞的門口，彷彿在聽一位老者講述崢嶸歲月，展示絢麗的畫卷」，歷史上「黃土般的樸實讓人讚歎」，更有第五、六段的豐厚內涵。不僅如此，作者更寫出了窯洞「沉穩渾厚、樸實內斂」的品格，同時也讓作者感悟諸如「強弱易勢，只是彈指之間」這樣的哲思。語言明

朗，內在條理清晰。所以，好文章須有自己的思考與情懷。

王素敏

站在武侯祠的門口

邵葉晨

北京八中二〇一二屆，現就讀於中國人民大學。
我對待生活的態度，就像一場完美的魔術表演。
魔術師帶給觀眾的是驚喜與歡樂，而自己收穫的則是一份成熟與超越。

中國歷史上有無數個名人，但沒有誰能像諸葛亮這樣引起人們長久不衰的懷念；中國大地上有無數座祠堂，沒有哪一座能像武侯祠這樣，讓人心生無限的崇敬、無盡的思考。

站在武侯祠的門口，我們彷彿又能重溫那金戈鐵馬的動亂年代。透過武侯祠門口兩座石獅炯炯的目光，我看到諸葛亮在國亂家喪之時，布衣粗茶，耕讀山中。我看到他初出茅廬，羽扇輕搖間百萬曹兵灰飛煙滅；我看到他在斬馬謖時那一滴難言的混濁淚；我看到他在向後主報家產時那一顆坦然無私的心。

「出師未捷身先死，長使英雄淚滿襟」。吟唱出這位英雄人物的悲涼結局，然而這悲壯的酬唱卻為歷史增添了一份滄桑。

站在武侯祠的門口，我似乎看到了在諸葛亮英氣的籠罩下，慢慢積聚的一種民族魂，後來者們站在武侯祠門口都扼腕歎息、仰天長嘯或沉思默想。無論是將軍還是士卒，無論大臣還是百姓，只要在這裡一站，就會受到一種莊嚴而神聖的召喚。

人人都為他的凜然正氣所感召，都為他的忠義之舉而激勵，都為他的淡泊之志所淨化。這種精神上的嚮往鞭策著每一位後來者，叩問著每一個站在武侯祠門口的人的心，並將其衍生的忠義的高貴品質凝聚於魅力無限的中華民族魂。

站在武侯祠門口，我不禁反思當下。武侯祠這供人感懷抒情的所在，亦是一個弔古傷懷的地方。諸葛亮以氣貫天地的正氣，融萬民之情的形象屹立古今，無論是明初朱椿的拆祠令，抑或是「文革」時期的瘋狂破壞，都阻擋不了他巨大的人格魅力，無論什麼人都不得不被他征服。

人們在諸葛亮身上投注的感情，同樣也是對於社會某些東西缺失的譴責與不滿。當今社會能親賢臣遠小人的親民官少之又少，奉命於危難之間的有志之士更是屈指可數。同樣缺少了諸葛亮那樣的魄力，背負「復興漢室」的我們那份敢於擔當的勇氣。

雖無諸葛亮「鞠躬盡瘁，死而後已」的偉大精神，但我們或許可以堅定為國效力的信念，承擔起屬於我們的責任，認真過好每一天，不懈怠，不躊躇，方能無愧於這座武侯祠。

站在武侯祠的門口，我感受到了諸葛亮超越時空的存在，他被歷史擢拔而成為人們心中的英雄而得以永恆。

站在武侯祠的門口，我看到了諸葛亮偉岸的身軀，他還是那樣，目光如泉水般明淨，手中羽扇輕輕抬起，瞬間凝固成了一尊永遠的雕像。

（高三作文）

將「武侯祠」作為選點，需要對諸葛亮的熟諳，還不能湮沒於歷史材料中，弔古傷今。文章開篇很大氣，將諸葛亮放置於歷史長河中，使之脫穎而出。在第二段對其生平簡潔的述評後，第三段由實到虛過渡，從人物的悲涼結局到歷史的滄桑，「我似乎看到了在諸葛亮英氣的籠罩下，慢慢積聚的一種民族魂」。

之後重點論述諸葛亮身上所體現出的「凜然正氣」與「巨大的

人格魅力」，並且以此反觀現實，更加顯示出武侯祠的現實意義與價值。行文流暢，文脈貫通，語言富於感染力，充滿著一種「大我」的情懷，實為難得。

王素敏

【題目呈現】閱讀下面材料，按照要求作文。

「簡」有簡單、簡潔、簡樸……的意思；「豐」有豐盛、豐厚、豐足……的意思。「簡」與「豐」既可以是矛盾對立的，也可以是和諧統一的。

請以「簡與豐」為題，寫一篇議論文。立意自定，不少於八百字。

【解題簡析】這是一個很簡明清晰的關聯式題目，有內涵，有意蘊，非常能激起大家的寫作欲望；讓每個人都能有話可說。

首先，題目中只給了「簡與豐」的解釋，但那不是內涵，更不是全部，這點需明確，因而要在題目的引領下，繼續思考其內涵與外延。

其次，思考簡與豐的關係，究竟什麼該「簡」，什麼該「豐」，如何化簡為豐、化豐為簡，或者兩者你中有我我中有你，真正做到對立統一。

最後，在選材上，可使用的材料比較豐富，從文學藝術到社會人生，從歷史到現實，如何選擇需要我們經過一番篩選，以顯示我們的文化積澱和底蘊。

一起看看下面這些文章，如何思考簡與豐的內涵與外延，值得揣摩玩味。

簡與豐

武凡

北京八中二〇一二屆,現就讀於首都師範大學。

當年小軒窗裡,玉蘭樹下,老師不止一次地教導我寫作文當「帶著枷鎖跳舞」;
而今學著地理,過著在山水間翩然起舞的日子,卻一次次地想念當年咬著筆頭思考
怎樣將腦海中跳躍的奇思妙想裝在「命題」的容器裡的模樣。

若把「豐」比作色彩濃烈、飽滿厚重的油彩畫,飽滿熾烈,嬌
豔欲滴;那麼「簡」就是清白明澈、餘韻空靈的水墨丹青,潔淨清
澈,道骨仙風。無論修身還是治國,「豐」與「簡」都是相依相生,
缺一不可的。

要想修身,必先有「簡」的精神,這種「簡」絕不是匱乏,而
是一種潔淨,一種專一,一種擯除諸多雜念後的本真,潔淨而純粹
的境界,因簡而彌堅,一任風吹雨打,我自巋然不動。這是佛家
「眼觀鼻,鼻觀心」所提倡的專注,也是梭羅隱居瓦爾登湖孜孜以
求的境界。

有了精神的「簡」,才能誕生思想的「豐」。「道生一,一生二,
二生三,三生萬物。」從極致的「簡」中,可以孕育出令人難以想
像的絢麗豐滿的世界。達摩祖師面壁七年,終於悟出了「禪」,開
創了「禪宗」;而老莊那有著扶搖九千里的旋風,洋洋如雷霆奔馬
的江海,翼若垂天之雲的大鵬和嬌嬈嫵媚的蝴蝶的奇幻瑰麗的世
界,也是構築在「道」這樣一個簡潔概念的基礎上。

思想的「豐」越發堅定精神「豐」的本心,「簡」又孕育出「豐」,
使人向更完善的境界進發。

至於治國,則以物質的「豐」為基礎,沒有物質的「豐」,一

切都是空口說白話。孟子心目中的理想社會是「五畝之宅，樹之以桑……頒白者不負戴於道路」，務農蓄養都「無失其時」，行王道，施仁政，因為欲平天下，必須要有足夠的物質基礎，倉廩積實，衣帛食肉，百姓才會心安，百姓安了心，才可能平定天下。

物質的「豐」帶來欲念的「簡」，豐年足食，凶年維生，家家戶戶才會各安其身。《呂氏春秋》中說：「古之易財者，為財多也。」夜不閉戶，路不拾遺，是因為人們物質豐足而無貪念，只有欲念「簡」，為惡少，才能鄰里和睦，社會大同，讓君主「王天下」。

欲念的「簡」助長了物質的「豐」，物質愈「豐」，欲念愈「簡」，使國家日益強盛。

「豐」是簡的前提，沒有了「豐」，簡便不再是簡，而是「貧」，真正的「簡」是包含著無數「豐」的可能性的事物；「簡」是豐的基礎，沒有了「簡」，豐便不再是豐，而是「雜」，真正的「豐」是由無數純淨的「簡」的元素組合起來的多姿多彩。

「簡」與「豐」缺一不可，只有兩者共存，相依相生的時候，無論社會還是個人，才能向前進發。

（高二作文）

這是一篇文化底蘊十足的優品佳作，闡明道理時簡潔有力，列舉材料時豐厚翔實，理與據體現著簡與豐的特點，語言表達的言簡意賅能看出作者駕馭語言和素材的能力之強，輕而易舉之間從容有序。「有了精神的『簡』，才能誕生思想的『豐』」、「思想的『豐』越發堅定精神『豐』的本心」、「物質的『豐』帶來欲念的『簡』」等這樣步步推進，思維縝密，尤其是第二段「『簡』絕不是匱乏，而是一種潔淨，一種專一，一種摒除諸多雜念後的本真」一句對簡的內涵的解讀是獨到而深刻的，而

其中道家和佛家以及《呂氏春秋》等的材料的使用分析，彰顯
著作者的文化底蘊，實在不可多得。

王素敏

簡與豐

周旭

北京八中二〇一二屆，現就讀於中國農業大學。文字於我而言，
絕不是應付考試的工具，而是自己成長道路的見證者。先敬畏文字，再駕馭文字，
用它雕琢時光，待到年華老去再來品讀，才會別有一番風味。生活之美不過嘗世間
百味，品甘醇抑或澀苦，將往事點滴皆著墨，回首笑談中，拂去衣上紅塵土。

簡如果是樸素的外延，那麼豐就是深厚的內涵。

生活的簡單，不代表思想的匱乏。而紛奢的生活也掩飾不了心靈的荒蕪。南陽草廬中，有待時而躍的臥龍。布衣簡食，躬耕隴畝，諸葛亮過的是最平凡的生活。然而正是樸素的生活，造就了才高八斗、忠貞不渝的千古一相。縱居陋室，難掩德馨。沒有絲竹管絃，案牘勞形，唯求鴻儒與之談笑，只願與書卷香茗長伴。在簡單的生活中，我們才有機會與自我對話，那是褪盡浮華後對豐富而高貴靈魂的追求，是由物質到意識的昇華，唯有當我們自身變得簡單而無欲時，才有希望去追求真正的豐富。

正如梭羅找到了庇護他靈魂的瓦爾登湖，我們也應該在這個紛擾喧囂的世界中找到那樣一種簡樸的生活方式。我們的確在做仿梭羅追求寧靜，追求樸實，追求寂寞，但這並不應停留在對表象的簡單模仿，而應該是一種我們自己找尋的、完全屬於自我的生活方式。在那樣簡樸的生活中，我們可以無視窗外燈紅酒綠，霓虹閃爍，能撥開擾亂視線的煙雲，靜沐在心靈的安逸中，放縱地追逐生命的奧義與思想的豐厚。

生活中的簡與豐並非對立存在，而應是內與外的有機結合與統一，在文化中也是如此。

在文化的盛宴中，賣相好的不一定是佳餚美饌，樸實無華的也可能令人回味無窮。

一部《墨子》，言辭質樸卻內涵豐富。它比不得《韓非子》言語犀利，邏輯縝密；也比不得《莊子》辭藻華美，浪漫奇幻。但它以最簡單樸實的姿態傳達著最深沉而飽滿的思想，以簡勝繁，屹立在諸子百家的名篇佳作中，讓「兼愛非攻」的思想千古流芳。

《滕王閣序》雖好，卻沒有什麼更深遠的價值。如今我們再讀，也不過是旁觀了初唐那場屬於文人的遊戲。王勃的可惜就在於它學富五車，文采飛揚，終究就落在了一句「請灑潘江，各傾陸海云爾」。再繁複華麗的詞句也難以使它的內涵豐厚。無怪乎韓愈要推行古文運動，用質樸來捍衛中華文化的內涵！

越是複雜的，越經不起淘洗，時光會折去它多餘的枝蔓，將它的外表還於簡單，而淘不盡的則是其豐厚的內涵。

簡單與豐厚從不對立，因為豐厚需要簡單來承載，簡單需要豐厚的深化。

簡與豐並肩攜手，相輔相成，與我們同途前行。

（高二作文）

這是一篇很有內蘊的文章，開篇簡明有力地提出「生活的簡單，不代表思想的匱乏」，並以諸葛亮為例，論證簡單的生活與精神的真正的豐富之間的關係，然後以梭羅進一步佐證，之後一個過渡說到文化方面，尤其是作者對《墨子》的分析和見解很有獨到之處。而最後「越是複雜的，越經不起淘洗」，強調「豐厚需要簡單來承載，簡單需要豐厚的深化」，這樣簡與豐做到了你中有我，我中有你。文章思路清晰，內在邏輯嚴

密，語言典雅雋永，字裡行間透露著作者的睿智和才情。

王素敏

簡與豐

余茜

北京八中二〇一二屆，現就讀於清華大學。

學習從來都是張弛有度，簡潔幹練中透露出不凡的能力和深厚的文化積澱，

舉重若輕，所以才能遊刃有餘，樂觀地看待生活，熱愛思考和讀書。

簡約，是質樸無華；豐富，是絢麗多彩。其實，簡與豐殊途同歸，真正的人生智慧是在簡約的生活中追求靈魂的豐富與高貴。

簡約不是簡單，更不是空洞和蒼白的，而是從紛繁中濃縮出的精華，是凝聚於一點的豐富。就如同中國的古典水墨畫，不似西方油畫那般奪目、張揚，卻有一種簡約、內斂的唯美與大氣，看似再普通不過的一片留白，卻給人以最豐富的遐想。

人的生活同樣如此，好似那萬花筒，外表簡約樸素，從那小小的一孔卻能窺見別樣的乾坤。盧梭曾說過：「只有獨自一人時才能更韻味無窮地默思和遐想。」簡約的生活不正是在營造這樣一種恬靜的環境嗎？於是梭羅搬進了瓦爾登湖畔的小木屋，與自然對話、共舞，靜享生命的蓬勃與豐富。

簡約的生活帶給人們從容的心境，喚起人們對生活的熱愛與思考。也正是因此，沒有哪個優秀的作家、思想家、哲學家過著奢侈放縱的生活。你看托爾斯泰的墓地，正如他生前拋棄了權貴，投身於平民一般，他去世後選擇葬在了簡約而樸素的墓地中，陪伴他的是鳥語花香，更是拜謁者敬仰的目光。他選擇了簡約卻並不簡單的曲折的人生道路，將寬厚的大愛灑滿人間，給予人們心靈的豐富；而人們也在他的帶領下回歸了簡約的生活，將這份愛世代相傳。

原來，簡約到了極致便能將那濃縮的一點豐富迸發而出，而豐富到了盡頭便能看透一切，回歸簡約，托翁定是深諳這一點，才能夠以極簡的方式幻化出最豐富的內涵、最高貴的靈魂，能夠影響我們每一個人的靈魂。

　　如今的我們遊走在物質堆砌出的社會中，步履匆匆，有人為了權力、為了金錢將一個個欲望壓在肩頭，用光鮮亮麗的外衣將自己層層包裹，過著喧鬧的生活，卻忘記了真正的豐富在何處。有人說犬儒主義哲學的擯棄物質與功利太過極端，那麼現在的我們是否缺失了這種精神？蘇格拉底因為認識到自己的無知而被阿波羅神評為最智慧的人，而我們也只有認識到了生活的空虛後，才會發現簡約與豐富相伴的生活的可貴，才會開始追求靈魂的豐富與高貴。

　　簡約與豐富本就是一體，化豐為簡，靜享生命的從容與韻味；化簡為豐，追尋靈魂的深邃與高貴。

　　（高二作文）

　　本文作者在思考簡與豐的關係時，很注意用辯證的眼光，開宗明義闡釋簡與豐的內涵，提出「真正的人生智慧是在簡約的生活中追求靈魂的豐富與高貴」的觀點。以中國水墨畫類比恰當，再引盧梭的話佐證，梭羅與托爾斯泰無不是物質極簡而精神極豐的人。第五段「原來」句得出結論後，聯繫現實，說明我們的簡與豐與古代的內涵不同，最後以「簡約與豐富本就是一體，化豐為簡，靜享生命的從容與韻味；化簡為豐，追尋靈魂的深邃與高貴」一句結尾，真正做到了簡與豐的高度統一，有理有據。

王素敏

簡與豐

北京八中二〇一二屆，現就讀於清華大學。
熱愛運動、戲劇。說話京腔濃重，喜歡有京味兒的東西，比如老舍的小文。

　　簡與豐看似是一對反義詞，並無交集，但當物質的簡約和精神的豐富相遇時，它們便會很好地融合，成就一個人的高貴，乃至一個民族的不朽。

　　說到簡與豐的融合，最先想到的便是中國的山水畫和古典詩詞。中國的名山大川，數不勝數，畫家卻只需一支筆、兩三種色彩和幾條線、幾分濃淡，就可描繪所有的壯闊與秀美，所有的斑斕與靜謐，於簡處蘊藏著極大的豐。我認為，這源於中國的畫家極會用「白」，以最簡單的手法勾勒出最豐富的神韻，用精神與想像的豐富填補畫面的空白。如此，人的精神與想像也成了畫家的一支筆。古典詩詞莫不如此，「千山鳥飛絕，萬徑人蹤滅」、「山間發紅萼，紛紛開且落」……每一個簡單的字，拼湊在一起，使得其豐厚的文化氣息和優美的意境瞬間便包圍了讀者的心。

　　我一直認為，相比於世界上其它文化，中華文化是簡與豐結合得最佳的範例。我們的先賢主張深居簡出，主張文章不求辭藻華麗，但要以文載道。我們有「悠然見南山」的陶淵明，有梅妻鶴子的林逋，有「寧可食無肉，不可居無竹」的蘇軾……這些我們耳熟能詳的先賢們，身上有一種共同的特質，即追求物質的簡約與精神的豐富。物質的簡約不是簡陋，精神的豐富也不是白日夢般的異想

天開。這些人不因失去物質而追求精神，只因嚮往精神而追求精神。他們明白自己的目的和追求，目的是精神，因而精神豐富；物質居於其次，因而物質簡約。

我們自小學習古詩詞，瞻仰先賢的成就，簡與豐的清潔精神潛移默化地影響著我們，影響著一代又一代人的價值觀，它在中國那充滿征戰和反抗的厚重歷史上增添了一抹清麗的色彩。中華文化中物質和精神的關係反駁了簡與豐的對立，為他們的完美融合提供了可能，我為這種文化基因深感驕傲。

也許，我們無法複製先賢的成就，但我們可以捕捉他們的生活態度。在物質充盈的今天，選擇物質簡約精神豐富需要魄力、勇氣和高尚的境界，但是，選擇了簡與豐的統一，或者是向它們的統一靠近，我們身上作為華夏之族的特質就在積累，終究有一天會迸發。這清麗的色彩將在歷史中繼續閃耀它高貴迷人的氣質，歷史因此芳香四溢。

（高二作文）

以中國的山水畫和古典詩詞為例論證，「追求物質的簡約與精神的豐富」這一核心論題，使得文章中心鮮明而集中，第三段中集中列舉古人的事例，簡明而有力。最後說「選擇了簡與豐的統一」，提高了文章的境界，內在思路清晰，值得肯定。

王素敏

CHAPTER 05

作文表達之
語言與結構

我們知道，語言是思維和思想的物質外殼。本章側重說作文由內而外的表達，即在「言之有理、言之有物」的基礎上如何做到「言之有序、言之有文」。

從語言到邏輯，從文章結構到內在條理，做到章法自然，流暢而有意蘊。作文的表達包括語言、邏輯、思維和結構技巧等，提高語言的品質就是提高「優品作文」品質的重要標誌之一。

一、思維結構上的「言之有序」

1．準確：想清楚——揭示事物的本質和內在聯繫

【示例1】思考：比較以下兩個語段在主旨與表達上哪個更明確清晰？分析理由並修改不明晰的語句。

★面對失誤，不能過多地歸咎於客觀因素，而是要冷靜地自我反思。將你絆倒的往往不是路邊的石塊，而是你的大意。雅典奧運會上，俄羅斯名將涅莫夫整套單槓動作如行雲流水，只是落地時向前跨了一步。裁判給出了九點七二五分，縱使全場觀眾為他不平，縱使裁判後來修改了分數，也沒有讓他登上最高領獎臺。也許不公，但涅莫夫若沒有下槓最後一瞬的失誤，即使裁判有意給低分數，也沒有任何理由。外界條件是無法改變的，重要的是不斷完善自我。真正挺拔的大樹能抵住任何暴風驟雨。

提示：請關注本段的觀點是什麼，例子得出的結論是什麼。

點評：準確把握了話題和材料，想說什麼，非常清楚這是語言流暢的基礎。

相反再看下段：

★幼鷹的翅膀再強壯也要面對一次又一次失誤，從失誤中領略到翱翔天際的姿態。人亦如此，一次的失誤不代表終生的失敗，平常我們的

失誤不可避免。人不是從小就懂得尊老愛幼、遵紀守法，是從小一點一滴的教導和失誤的改正中找到的。劉翔的奧運金牌背後刻有無數的失誤，欄倒了，出界了，這等等的失誤都給他敲起響亮的警鐘，在決戰二○○四年奧運會上他厚積薄發，從一次次失誤中爬起，從而實現了零的突破。我們面對失誤不要心灰意冷，悔恨終生，平常一次失誤並不可怕，我們要從每次失誤中吸取教訓，在決戰中一舉奪標。

提示：注意本段主旨是什麼，幼鷹的例子要證明什麼，舉劉翔的例子要得出的結論是什麼。

點評：這段論述中心不清楚，句子間缺少內在聯繫，讀起來費解。所以首先要想清楚，就是對話題或材料的本質與聯繫有清楚的認識、準確的把握甚至深刻的見解，這是說明白的基礎。「說明白」就是思維有序、不跳脫，語言連貫。

2‧流暢：說明白──有序連貫（思維→語言）

【示例 2】思考：分析下面語段是如何圍繞中心有條理地展開議論的？

★失誤並非皆出於偶然，所以，請用踏實認真的態度面對失誤。「失誤是上帝的警鐘，同時也是一份意外的禮物」。弗萊明如是說。眾所週知，青黴素的發現源於一次失誤：弗萊明誤對發黴的細胞組織進行研究，意外地發現青黴菌可吞噬病菌這一神奇現象。有的人不屑一顧，以為這一發現全憑運氣。然而他們忘記了，這一「運氣」源於成千上萬次的重複實驗，源於對每次失敗的細心研究，潛心探索。「機遇只偏愛有準備的人」，天道酬勤，堅守自己的信念和追求，勤於探索，永不放棄，那麼，即便是失誤，也會創造成功的奇跡。

點評：緊緊圍繞對失誤的態度來說，話題明確集中，這是流暢的前提。

思維的有序表現可以為由簡單到複雜、由現象到本質、由主到次、

由歷史到現實、由具體到抽象、由個別到一般等形式，注意從以上這些方面培養自己。

注意詞語的呼應、銜接和過渡，由此看來，做到表達流暢要注意三個問題：

話題明確集中；思維有序；語言連貫；

3‧寫法舉要

（1）巧設題記：

開宗明旨、創設情境、展露才情；

名人名言、睿智心語、自行雕琢；

暗合題旨、意味深長、富有文采。

（2）一句立骨。

（3）思路清晰、中心突出、一唱三歎、意蘊凝練等。

二、語言表達上的「言之有文」

1‧模仿生輝【示例1】

模仿散文《山水境界》中的一段話：

★沒有書籍的人生是空虛的，遠離書籍的人生是浮躁的。因此，我常常願望，帶著一本書，離開擾攘，離開淺薄，在漸逝的時光中，孤獨地或攜手一起散步，如同兩個心靈相通的摯友；或一個人靜默閱讀，忘卻自己的存在，忘卻時間的存在，孤獨行走於白紙黑字間，彷彿正走向永恆。我思索著書籍的思考，然後以一種寧靜、安詳和高尚的心境，重回現實，走進人生的另一種境界。艱難行走於書籍的真善美的境界，是一種樸實篤厚的人生境界。

利用讀過的美文，進行內容和形式上的仿寫，不但可以提高語言品質，更能提升思想境界，再如：

【示例2】人都愛思古懷古，那些回不去的壯闊年代，見不到的才子佳人，越是得不到，便越是覺得它們美得永恆。唐詩宋詞，便是上下五千年中最光華萬代的時代所孕育出的最美的花朵。它們臻於完美的文體和語言，讓我內心發出的感歎都顯得蒼白無力，而它們蘊含的鮮活的感情，讓我由語言輕易進入了一個個先人的靈魂。我們是先人的後代，生活在現世，卻在夢中一次次回到長安流轉的幻夜，長河落日的邊塞，輕歌曼舞的歌樓，樹密影蒼的青山，奔湧澎湃的河流……見到容貌奪魄的妃嬪，百戰不殆的將軍，把酒問月的文人，香羅拭手的少婦……一定有一條河流在我們的血液中流淌，斗轉星移，詩意猶存，它承載了先人的愛恨情仇，喜怒哀樂。古時的幻象出現在每一朵浪花裡，細聽水聲，如昔日歌舞的迴響。只要我們還活著，這河流也會鮮活地流動，自遙遠的文化源頭，流向更遙遠的未知世界。即使這世界上再找不到那些人、那些地方，他們會活在一個個方塊字中，活在我們民族記憶的長河裡。你瞧，長河的對面永恆的人們在向我們招手。

以上這是對《永遠的唐詩宋詞》一文內容的化用和仿寫。

【示例3】智者樂水，仁者樂山。身陷塵世，你無法不豔羨山水超越人性的淡泊凝重。身陷瑣繁，你仰慕造化的鬼斧神工，零亂的山石，飛濺的浪花，不含生命的一切儼然被賦予神性，安然而又靈動。你棄了身前身後的一切，去尋那桃花源。山重水複柳暗花明間，你漸漸讀懂了雲海，聽懂了松濤，看懂了自然的密碼。你不再執著於小得失，學會了像溪底的鵝卵石一樣活得隨意，學會了像大樹腳下的落葉一樣死得坦然。你走進了山水，山水便走進了你的心。

沒有山水的人生是黯淡的，疏遠山水的人思想是駁雜的。所以，我常常願望，走近山水，親近山水，在月光下，孤獨地或是與人一起漫步，就像寒山和拾得那樣，也像那個孤獨的散步者盧梭那樣，「只有在忘掉自己時才更韻味無窮地進行默思和遐想」……感受著山水的感受，

以一種寧靜、博大和忍耐，換取一個和平的心境，然後面對生活，走進人生的另一種境界。探索無盡的山水境界，也是人的境界。

以上這是讀後感悟，境界更高一層了。

2‧化整為零

【示例4】寫一段話說明水滴為什麼能石穿。

★石望著身上的孔疑惑地問：「是誰能在如我般堅硬的材質上留下印記？」水一滴一滴地答：「是我柔軟的身體裡的那永不放棄的最銳利的意志。」

★「水滴」能「石穿」，在於那鍥而不捨的精神。一滴水兩滴水落在石上不會有絲毫的變化，但夜以繼日地滴在同一地方終會「石穿」。就像溪中的鵝卵石，起初也並非那樣光滑圓潤，是奔流不息的小溪對它的沖刷磨平了稜角；就像洞中的乳酸石，是千年萬年的滴注長成了小小的筍芽；就像李白，也是在老婦人「鐵杵磨成針」的啟發後十年寒窗苦讀，醞釀了絕世的豪情，「水滴」卻能「石穿」，只要勇往直前，只要永不停息地拼搏，金石一定可鏤。

3‧比照相隨

【示例5】用對比的方法寫一段關於「寬恕」的見解。

★學會寬恕別人，就是學會善待自己。仇恨只能永遠讓我們的心靈生活在黑暗之中；而寬恕卻能讓我們的心靈獲得自由。寬恕別人，可以讓生活更輕鬆愉快，讓我們有更多的朋友；寬恕別人，就是解放自己，還心靈一份大氣和愛。

4‧虛實相化

【示例6】以「創造有著無窮的魅力」為開頭寫一段話。

★創造是什麼？是古猿第一次從森林走向草地的勇敢，是隻身駕駛獨木舟橫絕江河的膽識；是魚兒第一次跳出水面的驚喜，是鳥兒第一次穿越雲天的快慰；是不求苟同於人的執著，是實現自我價值的不二法

門。人生因創新而精彩，世界因創新而壯美。

★創造是蔡倫的紙，也是畢昇的活字，是李白的詩，也是張旭的狂草；是吳承恩的海外仙島，也是陶淵明的桃花源。對於文化，創造是生命，是靈魂，是昇華。

★創造，是盤古手中的玄鐵神斧，將混沌的世界變得美麗而清晰；創造，是羅丹指間的刻刀，用頑石展現美的定義。創造是心的翅膀，是希望的羽翼。創造，有著無窮的魅力。

【示例 7】再看下例：

★〈蘇東坡突圍〉和〈草堂詩魂〉的點滴：

命運的主人感恩命運──這是上帝賜予的禮物。上帝總在最愛的蘋果上多咬一口，因而天將降大任於斯人的時候，先給他苦澀的青果。「文章憎命達，魑魅喜人過」，沒有烽火連天、飢寒交迫，怎有「朱門酒肉臭，路有凍死骨」的名句和那弱小卻偉岸的身影？沒有黃州的縹緲孤鴻影，怎有「大江東去浪淘盡」的氣魄和超然於世的灑脫？沒有宋代半壁河山的恥辱，哪有「醉裡挑燈看劍」的稼軒和僵臥孤村「尚思為國戍輪臺」的陸游？國家不幸詩家幸，苦難的命運給我們反思的機會，一個突破和超越自我的機會，感謝命運的恩賜，讓我們更加完美。

從中我們可以看出，直接引用或化用古典或現代詩詞、佳作、佳句於文章之中，給人以厚重的詩香氛圍，可以使文章呈現出詩詞底蘊。

為此，我們就要在下面一些方法上不妨牛刀小試，找到適合自己的途徑或方法。

★學會使用修辭格：比喻、排比、反覆、頂真、反問等；

★引用詩詞歌賦、文學典故和精妙「慧語」；

★語言有哲理，簡潔有力，多用整句；

★選擇文學歷史人物或故事，抽象概念具體化；

★若干個成語或文采的文章標題。

語言訓練是一個複雜的過程，絕非單純語言問題，它是和提升思想訓練互為表裡的，因而加強語言訓練，應以提高思想水準為基礎，由表及裡，才不至於使語言訓練成為無源之水、無本之木。這就從根本上解決了語言內涵的問題。語言和思想應是一篇文章的「外形式」和「內形式」，抓語言就是在抓思想，抓思維，只有將語言訓練放在這樣一個高度來認識，才會從根本上做到事半功倍。

　　以上我們說到了語言表達的三個方面：準確──基礎，流暢──關鍵，文采──昇華。它們是相互聯繫，同時又與文章的思想內容密切相關的，平時多注意從思想認識的高度來錘鍊語言，練就內功才能文質兼美。

　　讓我們一起來欣賞下面這些「優品作文」。

【題目呈現】閱讀下面的材料，按要求作文。

自一九七八年正式出版以來，《現代漢語詞典》（以下簡稱《現漢》）先後經歷了五次修訂。在二〇一二年的第六版中，人們發現：第一，儘管名為「漢語」詞典，卻收錄了「NBA」、「MP3」等兩百多個西文字母詞，《現漢》似乎變得不純了；第二，像「入圍」，它本來是「入闈」的錯誤寫法，現在卻被賦予了人們常說的意思，作為一個新詞條與「入闈」平起平坐了，《現漢》似乎開始向不合理「妥協」了；第三，「粉絲」、「宅男」等詞居然也被收錄進來，《現漢》似乎「放下身段」，變得更加現實了……

有人認為這樣的修訂並不成功，像這樣的變化令人擔憂；有人說，這種事也不得不這樣，總算給了個說法；有人說，大家都這麼用，習慣成自然，自然即合理；有人說，社會發展了，有些東西該變就得變……

上述爭議或類似現象，帶給你怎樣的感受和思考？請在材料含意範圍之內，自定角度，自擬題目，自選文體（詩歌除外），寫一篇不少於八百字的文章。

【解題簡析】這是一道針對性很強的時評類作文，對此現象可以肯定也可以否定，更可以從現象到本質剖析其根源，進而歷史地、辯證地看待。一部詞典的變化折射出當今文化現象。作文時找到「詞典變化」的上位概念，即一種文化現象，文章才能透過現象看本質，進而寫出獨到的思考和見解。

下面的文章，即做到了這一點。

且行且駐

邢像

北京八中二〇一三屆，現考取四川大學。

適應能力很強，文科素養很高，愛讀書，愛思考，是其與眾不同之處。

較高的文化品位和人文素養，在他看來是人之為人的根本，也是出色的體現。

　　央視曾經做過一件頗為畫蛇添足的事，要求體育頻道的解說員在解說籃球比賽時不得使用「NBA」，而必須稱之為「美國職業籃球聯賽」。這似乎是一項為漢語言文化正名的舉措，但很快網上就流傳開了一個央視解說員數次吐出「NB」二字後改口「美職籃」的滑稽視頻，畫面的左上角 CCTV-5 的字樣赫然醒目。那裡並沒有寫「中國中央電視臺」。

　　現代社會就像一個大熔爐，多元的文化在其中融合，而生活在其中的人也被所謂「時代的潮流」裏挾而前。於我看來，在《現代漢語詞典》後附加上一些廣泛使用的西文詞的釋義，反而對人更有幫助。這種在某些人眼中很不合理的事不僅只在中國發生，日本也使用片假名直接音譯舶來詞，英語中也有被接受的「中式英文」。這也許不是身段的問題，因為《現代漢語詞典》面對的本身就是普羅大眾。革命先驅都說「人民群眾是歷史的創造者」，偶而一兩個通俗的詞，也不為過吧！也許下次，我們還可以看到「屌絲」一詞出現在其中，標誌著一種草根文化的精神勝利。

　　所以，這或許不是接受與否的問題，而是如何接受的問題。翻開《現代漢語詞典》，前邊一千餘頁，仍是正宗而純粹的漢語，對於附上了一些西文詞的《現代漢語詞典》，我們無可厚非。而在信

息大爆炸中忘記了駐守而隨波逐流的，反倒是生活在現代的我們。越來越多的人接受了搜尋引擎「點對點」的知識獲取方式而從不翻閱書籍；我們諳於智慧輸入法而越來越不習慣於「舞文弄墨」……南懷瑾的太湖大學堂在此般環境中更像是一方淨土，先生在談及為何而創辦大學堂時如是說「這是最好的時代，這是最壞的時代」。

誠然，我們在社會遭受新文化的衝擊時的表現，或許談不上差強人意。而我們在潮流中遺失的不僅是古典的東西，還有我們的情懷，我們的思考。我們在信息社會中消費的是公知的言論，在微博上只轉發不創造，久而久之，我們就成了一個外包的人種，就連我們說的話，都是機械的模仿。這種「自我」的淪喪和消失，才是我們在向前進的征途中最應懼怕的事。《現代漢語詞典》加了西文詞仍是《現代漢語詞典》，而一切外包的我們卻不能稱之為自我。

前進並不可怕，前進是某種意義上的必然。並非人人都可以在洪流中不動分毫，安然故我，獨隱隱於世。但是在前進中，我們也有作為義務去駐守的，一是古典，二是思想。外合於當世之時務，內毅然而堅定，此般秀外慧中，且行且駐，方為當下時代的俊傑。

（高三作文）

這篇文章筆鋒犀利，見解深刻而獨到。以央視畫蛇添足為例，幽默而諷刺地引出「在《現代漢語詞典》後附加上一些廣泛使用的西文詞的釋義，反而對人更有幫助」這一觀點。「草根文化的精神勝利」已別出心裁，而「這或許不是接受與否的問題，而是如何接受的問題」一句又將話題引向更深一層，「在潮流中遺失的不僅是古典的東西，還有我們的情懷我們的思考」。第四段是文章的精華，深刻且犀利，讀來痛快淋漓，頗有說服力。

王素敏

從「一星如月」到「滾滾長江」

李睿

北京八中二〇一三屆，現考取北京外國語大學。
踏實穩重是其鮮明的標籤，於是，被人信賴、受人尊敬，
低調內斂中飽含著生活本身的睿智，正如其名，讓人過目不忘。

　　滾滾長江東逝水，象徵新事物的流水以自身的「變化」推動了江水的流動與發展。當新事物產生舊事物消亡時，我們的觀念隨之更新，所謂的「妥協」也不過是順從了歷史潮流，推動事物的變化與發展。需變即變，「變」幫助人們逃出了過去時代的局限，以更新的視角審視更廣闊的未來，推動更深遠的探索，促進了新知的獲取。

　　我們自有「一星如月看多時」的浪漫的美麗，可也需在社會變革的時刻，大膽跳出時代的瓶頸，去順應實際的需要。《現代漢語詞典》之變，並非向「不合理」妥協，而是向現實點頭。「入圍」、「粉絲」、「MP3」等詞彙遠非「不合理」，而是一種時代大背景下融匯了各種心境、科技與活動的實踐的產物；遠非「逆歷史潮流而動」之荒謬，而是填補了這些領域的空白的良方。清代張潮的「一星多時」，帶給我們的是一種亙古不變的自然之美、平實之美，而充滿了「人」之氣息的人文社會，何以用如月一星應對新興知識、嶄新學說？何以以不變應萬變？

　　當時代的輪盤以令人驚詫的速度飛轉，它就會展開全新的未知，留下大片的空白需要我們用新知去填補，用「變化」去彌補曾經的缺漏，書寫更廣闊的今天。在這個過程中，我們既需冷靜鑒別

哪些是我們的「核心」，哪些需要保留並發揚，以滋補後世不斷湧現的「變」，又需勇敢的開拓，留存住美麗的「一星如月」——留存住我們過去的精華，塑當下嶄新之真知。「變」不是妥協，亦不是拋棄，更不是胡亂吸取，而是一種理性，一種沉穩的思索，一種美好的創新，一種「取其精而拓其新」的風骨。

梭倫改革，是順應了潮流，摒棄曾經的不足與不夠完美，讓社會進行自我完善與自我發展。但是，他不是盲目的「變化」，而是自然合理的推動。他沒有放棄古希臘人文精神的內涵，亦沒有向不平等妥協，而是勇敢地創立一系列新制。古希臘的發展迫使著他「變」，同時，過往的精華又讓他「吸取」。變與不變的融合，創造了一個多麼輝煌的時代，又創造了多少文藝作品。

從「一星如月」到「滾滾長江」，從取其精華到破舊立新，我們的社會空白得以填補，紕漏錯誤得以勘正，我們的「變」在繼承與發展中日趨完善。推動時代進步的，不是時代本身，不是一味圍於時代沉淪於固有事物中，而是勇敢去變化。從「一星如月」到「滾滾長江」，從「入闈」到「入圍」，從「高雅」到「大眾化、現實化」，《現代漢語詞典》在對時代的順從與對文化精髓的繼承中，創造了一種最完滿的「變」。

從「一星如月」到「滾滾長江」，我們的時代齒輪在不斷地轉動，我們的社會在日漸完善地發展。

（高三作文）

這是一篇寫得很大氣的文章，標題《從「一星如月」到「滾滾長江」》新穎別致，從社會歷史的變遷說起，第二段進入材料中所說的《現代漢語詞典》的變化，又寫到清代的「一星多時」，然後以「何以用如月一星應對新興知識、嶄新學說？何

以以不變應萬變」之問引出下文，始終在歷史與現實、變與不變的對比中闡述問題。寫出了歷史感和時代感，實為難得。

王素敏

【題目呈現】閱讀下面材料，按要求作文。

花對果說：「我比你漂亮。」果回答：「你說得不錯，我的確沒有你漂亮，可我知道，任何一個果都曾經是花，而並非所有的花都能成為果。」

請就以上材料，展開聯想，自定角度，自擬題目，寫一篇文章。文體自選（除詩歌外），不少於八百字。

【解題簡析】這個題目需要抓住花與果對話的核心以及它們各自所蘊含的意義。花的「漂亮」是外在、是曾經，果的美麗是內在、是最終，這是其一；兩者關係是「果一定曾經是花，花未必一定成果」，這是其二。於是有下面的角度立意：

審題立意：花與果的關係——

★外在美與內在美

★過程與結果

★繁花孕育果實

★花的蛻變（做一朵能結果的花）

★褪去浮華，方成正果

★成長與成熟（青年與老年）

★生命的意義——不在於開花而在於結果

★張揚與內斂片羽生輝：

★果的存在，是花最終的歸宿。

★花朵的美，是過程中的美，難免流於外表或短暫；果實的美，是終點處的美，便注定是內心的充盈。

★縱使青春不復，歲月爬上眼角，我相信，他們充滿皺紋卻亦滿是安詳的笑容中，飽含著人生最廣博的智慧，那是他們結出的果實。

★花與果是無法分割的。果曾經是花，花會成長為果，這一轉變的過程，便是美麗的延續。自顧自的美麗，不會成為主流，而能夠延續能

夠傳遞的美麗才具有生命力。

★結果，是從外表的成功走向內心的豐富。結果，是從為名利的奮鬥走向對心靈的修正。結果，是將短暫生命的光輝凝聚成永恆中的一筆。

★沒有一朵花能美麗長存，永不凋謝，唯有結出碩果，才算圓滿了生命歷程；而並非每朵花都能迎來碩果，唯有堅挺於風吹雨打、經歷重重考驗而依舊昂揚綻放才能完成由花到果的蛻變，走向更加飽滿成熟的生命形態。

★如果說花的境界是脆弱柔軟，隨風飄蕩，那麼果的境界就是堅強隱忍，堅守位置。

下面這些文章，為我們展示了從審題到成文的各自優點和獨特之處，不妨選其一來借鑒。

美麗過後的沉澱

石博

北京八中二○○九屆，曾就讀於對外經濟貿易大學。
典型的北京女孩，平時愛說愛笑，喜歡運動健身。
認為思考和寫作是生活中不可或缺的一部分。常常仰望星空，也腳踏實地。

　　果實曾經是那絢爛的花，外在的美麗是上帝賦予的獎賞。然而當時間流轉，花將美麗蛻變為成熟的果實，也許它不夠光鮮，但那是一種轉變與回歸，將浮誇的色彩沉澱，化為踏實而飽滿的果實，美麗在骨。

　　她曾經美麗，此時更美。褪去了窈窕淑女般的嬌嗔和雍容華貴的裙擺，一身樸素而聖潔的護士服將南丁格爾那顆善良的心突顯。曾經的美麗如單薄脆弱的花瓣，但當心靈的大愛和性格中的堅毅沉澱下來，她蛻變如一個飽滿的果子，花而有實。那些如煙花般的美麗是曾經的過往，此時悲天憫人的大善是深蘊其中的充實和厚重。

　　她曾經美麗如花，此時平實如果。看著奧黛麗·赫本那溫婉而淡淡的微笑，或許少了幾分年輕時的嫵媚，但那淺淺的皺紋卻透露出一種穩妥而安定的人生狀態。投身於公益慈善事業的赫本將演藝道路的璀璨轉換為對貧困飢餓的人們的關注，這人性的光芒將生命的鐘擺停留在穩定成熟的狀態。果實經歷過絢爛的花朵的蛻變，變得平實。沒有空虛，沒有刺眼的閃亮，如白玉般溫潤而內斂，返璞歸真。

　　她曾經溫柔似花，此時堅毅如果。昭君踏著道路上的滿滿塵沙，風吹亂了青色的髮絲，一步步邁向那個陌生的塞外。並非所有

的美麗都止於美麗，心中的堅毅和身上的使命感將美麗的容顏昇華為和平的福音。由花結果，由美而和，昭君的生命美麗卻也凝重。當她不再是那煙花夢一朵，而蛻變成堅毅果一顆，任風吹，任雨打，這其中的辛酸與堅韌在民族的史書上也是不可刪去的一筆。美麗在延伸，觸及了民族關係的穩定，花結成果。

她們都曾經美麗，卻不滯於美麗。美麗過後的沉澱才是生命真正的價值。花結成果，需要時間的積累，需要經歷風和日麗與風吹雨打，一種不浮於表面喧囂的耀眼光芒而深入生命內層的厚重。花雖漂亮，可那只是單薄而空虛的一片，果雖平常，但那是將美麗轉變為飽滿充實後的返璞歸真。一種蛻變，千錘百鍊，萬般思緒。

花而有實，這更像是生命的過渡。把美麗過渡成平實，把幼稚過渡為成熟，把狂妄過渡為沉穩，把生命昇華為永遠存在於世人心中的肯定與崇敬，花曾美，果猶存。

（高三作文）

這是一篇文質兼美的「優品作文」，作者以中外歷史上赫赫有名的三位女子為主體，將她們人生的由花而果的成熟蛻變演繹得十分恰當貼切。同時三位女主人公貫穿「那是一種轉變與回歸，將浮誇的色彩沉澱，化為踏實而飽滿的果實，美麗在骨」這一主旨，將她們由內而外的美展示出來。作者並沒有著力描寫她們美貌如花的時光，而重點寫她們蛻變之後更加永恆的「果」一般成熟的美，「把美麗過渡成平實，把幼稚過渡為成熟，把狂妄過渡為沉穩，把生命昇華為永遠存在於世人心中的肯定與崇敬」。文章語言典麗而文雅，透出一種大氣成熟的氣質，耐人尋味。

王素敏

零落的花瓣成熟的心

吳尚竹

北京八中二〇〇九屆，現就讀於北京大學。
一個「比理科生的文科好，比文科生的理科好」的庸人，
沉靜文雅是永不變色的標籤。身為理科生直到大學畢業最自豪的職務仍是高中語文
課代表。高中嚼過的青澀文字，到了二十歲才嘗出了味道。愛文字，用這一輩子。

　　陽春三月她們是主角。一朝春盡紅顏老，短暫的美麗也走到了盡頭。只有那些把自己化為果實的花，才能體會生命浮華背後的淳美。果，彷彿是花零落成泥的命運後續寫的華章。花的凋零，果的成熟，那是美的轉移，那是生命的蛻變，那是靈魂的昇華。

　　果說：「並非所有的花都能成為果。」花變果的過程很漫長，因為花需要一個學會褪去美麗的裝飾重新塑造自我的過程。人向理想向成就的進發，莫也不如此般褪去華麗的外表。想那地主家庭出身的少年，卻決定背叛家庭背叛錦衣玉食的生活去做個「農民王」，為地位卑微的人民大眾爭取自由與平等的可能。

　　逃離了本應溫飽富足的生活，投入了鬥爭與革命之中，他彷彿不是沈雁冰了，他變成了茅盾，一個為人民呼喊的熱血青年。並非所有人都捨得放棄手中的富足，而有時放棄富足，便是蛻變的開始。

　　果說：「任何一個果都曾經是花。」任何一朵花都有成為果的夢。任何一個成功的人都有過暢想輝煌的曾經。只是他們把理想盯得太緊，再也不顧雨打風吹，不顧苦難與艱辛。品嘗著苦難，花變成了果。這正如任何一顆珍珠曾經都是沙礫，任何一粒琥珀曾經都是松脂，它們或是在貝中孤獨地一層一層埋沒著自己，或是不停地

分解、風化自己。用無盡的忍耐，去等待瓜熟蒂落的那一刻。

在忍耐中，苦難孕育著成熟，花逐步走向果的宿命。

花說：「我比你漂亮。」花美在外，變作果卻把香甜藏在心裡。忘卻了生命嘈雜的聲音和繽紛的色彩，哲人們不約而同地藏起鋒芒，選擇自我放逐，在自己的一方空間修煉自己的靈魂。「疏影橫斜水清淺，暗香浮動月黃昏」是誰的歌，帶著深山泉水的清冽；「小舟從此逝，江海寄餘生」是誰的歎，帶著不染風塵的超脫；「久在樊籠裡，復得返自然」是誰的吟，帶著田野之風的清新；「野老與人爭席罷，海鷗何事更相疑」是誰的問，帶著無拘無束的閒適……花的香此時已變了果的甜，而這果，已然成熟。誰來品這無言的淳美，又有誰，懂這生命深處的自由。

花走向果的路很漫長很艱難。於是，當花變成了果，她將懂得如何走過苦難，懂得如何讓生命成熟，懂得如何讓外在的美變為內在，懂得如何讓經歷豐富自己的靈魂。

花的香每一個果都懂，因為果帶著花的心生活得太久。有一天，當花變成了果實，注意聽，一個蛻變的靈魂在歌唱。

（高三作文）

這是一篇耐人尋味的美文，從內容到材料再到語言，常讀常新。首先，文章有豐富而深刻的內涵，「花的凋零，果的成熟，那是美的轉移，那是生命的蛻變，那是靈魂的昇華」、「有時放棄富足，便是蛻變的開始」、「當花變成了果，她將懂得如何走過苦難，懂得如何讓生命成熟，懂得如何讓外在的美變為內在，懂得如何讓經歷豐富自己的靈魂」和「花的香每一個果都懂」等這些語句無不觸動著我們的心靈。其次，文中所用材料「沈雁冰」、「珍珠」以及第四段中所用的詩詞等，都顯

示著作者的才情。最後，語言的雋永精練、優美清雅，「誰來品這無言的淳美，又有誰，懂這生命深處的自由。」讀者能鮮明地體會到作者語言功底的扎實、成熟和充沛的才情，富於感染力。

王素敏

美與成熟

劉穆之

北京八中二〇〇九屆，現就讀於英國倫敦大學國王學院。
曾組織過很多有意義的活動，給大家留下許多難忘的美好回憶。
他的雋秀又有棱角的字，著實讓我們仰慕了三年，成為他高中時代特殊的符號。

果雖沒有花斑斕多姿，卻更馥鬱，更甘甜，比花更成熟；果的一番話，更顯出它的成熟。果知道，相對於花的單純的、表面的美，成熟的秉性和豐富的內涵更有價值，更珍貴。同樣，一個人在表面的美與成熟的心之間，應該更注重後者。

成熟是一個人價值觀的完善，成熟的人明白自己在生命中該實現什麼，該為他人實現什麼。隨之，成熟也就意味著懂得承擔責任。成熟意味著看清自己，認清他人，意味著嚴於律己，寬以待人……這些都是果意識到而花卻從沒有想過的。關注表面的美是典型的以自我為中心，而成熟卻是目光長遠、心胸開闊而頭腦深邃的。成熟也許表面看去平平淡淡，然而卻是成為一個更完善的人的必要條件。因此在表面的美與成熟之間，我們應該選擇成熟。

果從前花謝的時候，必定心如刀絞過；因為果在花謝之前，必定也像花一樣，曾將自己的美引以為自豪過。人也一樣。從幼稚的對視覺美的嚮往，到對品質和內涵的注重；從「為賦新詞強說愁」的以自我為中心，到心懷廣遠，兼濟天下；從朝氣蓬勃的青年，到形容枯槁的老者……人在時間的磨礪和不斷地失去中不斷獲得；在童年不再、韶華逝去中遺憾和心痛，卻一天天變得更成熟與平和。因為在這個過程中人悟到了人生重心不在表面的美上，不在花所在

意的膚淺的悲喜妍媸上，而在於人的內核。花會謝，人的容顏會變，但堅定的信念、人生的準則等卻可以不變質，人的內在價值可以不貶值——這就是人的成熟。猶如花變果，人的成熟必定會遭遇痛苦，但正因痛苦人才更堅強，更淡定，生命才不會如薄紙一張。由此看來，如今很多已過成熟年齡的人內心卻不甚成熟。在盲目追求「花」的同時，失掉了「果」的深厚內涵和智慧。

果因成熟變得更甘甜，更芳香，因此，成熟本身又何嘗不是一種美呢？成熟的美更憾人心魄，更有力量。它是一個人生命本真的馨香，是寵辱不驚的智慧光芒，也是勇於承擔、堅強隱忍的心靈力量。正如一個國家，它表面的山清水秀、地大物博，最多只能成就一個旅遊勝地；真正讓世界記住她名字的，是她的人民和文化；是她在磨礪與苦難之後所顯現的民族性格；是她應對危難的成熟，還是她窮不笑人有，富不笑人無的胸襟——這是一個成熟的國家，這是真的以美震撼人心的民族。也正如昭君，她的容貌只是她美的附屬，美的外套；她心中為國擔當的成熟，她眷戀回望的眼神和堅定前行的腳步，她那遙遠的、樸素的青冢，才在後人心中美得永恆。

花與果，我們更喜愛果的成熟。但是誰說成熟了的果，她的美不如花呢？

（高三作文）

看得出來，在花與果關於美的對話中，作者是站在了果的一邊，所以這是一篇充滿理性成熟之美的文章。有條不紊的說理，層層深入的分析，都讓我們在從容與平和中接受他的觀點，正如作者所說「成熟本身又何嘗不是一種美呢？成熟的美更憾人心魄，更有力量」。所以本文的主題詞是「成熟的美」，第二段分析了成熟美的內涵，第三段進一步分析由花而果的成

熟之美的蛻變，這是全文的主體，第四段則以例證為主。這樣
文章有理有據，內容飽滿，語言流暢清晰。

王素敏

生命之美

張湛

北京八中二〇一二屆，現就讀於北京郵電大學。

一雙炯炯有神的眼睛裡永遠閃爍著真誠、思考和友善的光芒。

秀外慧中的才學和性格，總是讓人喜歡。

自強堅毅、不怕困難的果敢似乎總能讓人想起柔中帶剛的特點。

　　春日裡百花齊放，爭奇鬥豔，等到秋日，又是碩果累累掛滿枝頭。來年，春回大地，一片姹紫嫣紅。這一年一年的輪迴，仿若自然一季一季的生命。這浩大的生命中，有人讚美花的繁茂，有人謳歌果的豐碩。

　　花之美是青春淋漓盡致地揮灑，是燃燒生命的熱烈；果之美是熱烈之後的沉靜，是洋溢之後的成熟，是展示絢爛之後的奉獻自我。

　　我們需要花之美，也需要從花之美中醞釀出果的醇香，兩者合一，方是完整的生命。

　　有人不屑於花之美，稱其為華而不實，實則不盡然。每一顆果都曾是一朵花，開了花不一定能結果，不開花卻絕無結果的可能。若不是曾經轟轟烈烈地綻放過，又怎麼會有歷經風雨後的成熟與奉獻？不是經歷了「聊持寶劍動星文」的豪情壯志，又怎麼會有「清泉石上流」的淡泊寧靜？花的激情在一個夏季的醞釀中，成了果的內斂。

　　然而不是每一朵花都能結成果，太多的花在風吹雨打中凋零敗落，因此果所帶有的生命之香愈發濃鬱香醇。化作了果，花的價值才能真正地展現——這便是奉獻。這時美便不僅停留在外表，而是

沁入內心，讓果從內而外散發出無私之美，散發出生命芳香的飽滿之美。

花變為果需要歲月的醞釀，但人的成熟蛻變需要的不是幾十個年歲的苦熬。在自然的生命中，花與果不能並存，花謝了才有果，果落了才有來年的花。人的生命中，成熟不需要時間的催化，果實也並不需要花的凋零來換取，就如同展示自我與奉獻自我並不矛盾一般。有的人，生命只有短短的三十幾年，卻開了一季的繁華，結了一季的碩果，在短暫的生命中，讓花與果同時掛滿枝頭。在一曲〈安魂曲〉中，在聖潔恬淡慈悲的微笑中，我們看到生命淋漓盡致地綻放之後的安詳沉靜，看到了那些高貴靈魂留給世人的永恆的生命之美——那便是一幅花果共生的奇景。

所以，生命的意義從來不能用時間來衡量，生命的長度固然重要，但更重要的是生命的深度和廣度，如同自然年復一年的春，都能夠繁花似錦，年復一年的秋，都能果實滿枝。而我們的生命中，只有一季的春，一季的秋，等不來下一年的輪迴。唯有盛開之花，再將其化作生命之果，方能盡展生命之美。

（高三作文）

文章標題「生命之美」就回答了花與果的關係：既要花之絢爛美，又要果之成熟美，只有這樣生命才是完整的。這樣的觀點比較全面、理性和客觀，不是偏執一方，能看到各自的優點。「我們需要花之美，也需要從花之美中醞釀出果的醇香，兩者合一，方是完整的生命。」示例注意了和材料整體風格相吻合，富於詩情。第六段中「在短暫的生命中，讓花與果同時掛滿枝頭」讓文章立意有了新的高度。層層深入，內在層次清晰，語言清秀。

王素敏

生命的果實

劉卉寧

北京八中二〇一二屆，現就讀於中央財經大學。
熱愛生活，熱愛自由。堅信自然是智慧之源，安靜給人力量。
離開生活了六年的八中，進入大學，
才發現自己對於母校是有多麼的熱愛和依戀……

誠然，果實不如花朵嬌豔，但是要知道，每一顆飽滿的果實都曾是一朵盛放的花，而並非所有的花都能經歷雨雪的洗禮，挨過風霜的考驗，最終結成沉甸甸的果實，掛在高高的枝頭，散發醉人的成熟氣息。

人亦是如此。每個人都曾有過如花的青蔥歲月，然而不同的人以不同的方式度過這段時光——享樂之時，有的人「今年歡笑復明年，秋月春風等閒度」；有的人「把別人喝咖啡的時間都用在了工作上」；面對苦難，有的人畏葸不前，知難而退，偏安一隅，蠅營狗苟；有的人披荊斬棘，不憚於在坎坷的道路上前行。

韶光易逝，轉眼之間，紅了櫻桃，綠了芭蕉，也白了少年頭。再看看昔日那些「別無二致」的如花一般的年輕人吧——縱情歡場，不肯付出一絲努力之人，此刻正兩手空空，在角落裡暗自垂淚，感歎「美人遲暮」，抱怨「命運不公」。而那些辛勤勞作、不吝惜用汗水甚至是用淚水澆灌青春之花的人呢？他們手中捧著豐碩的果實，經歷過歲月的洗禮、困苦的磨礪，站在時光的另一端，靜靜地，微笑著回望如花般燦爛的歲月裡自己留下的奮鬥的足跡。手中緊握的那顆成熟、飽滿的生命果實，散發出明亮而又不刺眼的光輝。

畢竟，花不能常開，青春無法永駐，而風吹雨打過後，壓彎枝

頭的碩果才是永久，才不會隨時光的流逝而褪色凋零。

所以，我們應該趁著這大好年華，迎接生活的挑戰和生命中的狂風暴雨，與烈日驕陽抗衡，讓青春的花朵生長成為生命的果實。不是為了建立豐功偉業，也不是為了彪炳千秋，只是不想辜負這似水流年，不想悄悄地到來又毫無聲息地離開。

當紅顏老去，昔日眼波流轉、顧盼生輝的美人已不知何處，年近百歲的冰心和楊絳兩位先生目光卻清澈而又平靜，這是她們的生命歷經風雨過後結出的成熟果實散發出的醉人馨香，是深邃生命的明亮光芒。

然而當下，太多的年輕人迷醉在青春的花蔭下，淺薄無知地揮霍著本該用來培育生命果實的時光，待他們垂垂老矣之時，該是怎樣一番場景？

不是每一朵花都能成為果實，用辛勤的汗水在耕耘的季節裡澆灌生命吧，不要辜負了這似水年華。

（高三作文）

這是一篇文辭優美、充滿深情又娓娓道來的「優品作文」，開篇即提出生命的果實經過風霜的考驗，「掛在高高的枝頭，散發醉人的成熟氣息」，然後第二、第三兩段正反對比指出花開時節應該為碩果滿枝而努力，語言富於意蘊在於化用古典詩詞，增加了文化氣息。後半部分又以冰心和楊絳兩位先生為例，再次論證「生命歷經風雨過後結出的成熟果實散發出的醉人馨香，是深邃生命的明亮光芒」，和第七段形成對比，語言典雅，耐人尋味。

王素敏

【題目呈現】生活中，有許多事物是我們高度重視、感觸頗深的，但也有一些事物我們司空見慣卻往往熟視無睹。也許有一天，你在偶然間會突然發現那些看似平淡的事物中蘊含著美好的情感、深刻的哲理⋯⋯從而深深地震撼了你的心靈。

請以「曾被我忽視的＿＿＿＿＿＿」為題寫一篇文章。要求：在橫線處填寫所寫的內容；綜合運用記敘、描寫、抒情、議論等表達方式；不少於八百字。

【解題簡析】這個題目首先需要準確審題，從生活、學習中選擇有價值的事物或現象，並從中抽取出其意義作為寫作的話題。橫線處的內容不宜過大過空、過於抽象，例如「愛」、「美」、「情」，導致行文空洞，應是一個由具象到抽象的思維過程。這需要觀察周遭的世界，看到我們忽視的別樣的人或事，或打開視野走出自己的世界，走向外面的世界，看自然、社會、歷史和人生，即需要生活與閱讀的積累。

★可以選擇具體事物，通過從具體事物中感悟到其中蘊含的道理，提升對生活、社會、人生的認識，改變了一些錯誤或片面的態度，即做到因事因物見理。

★可以選擇抽象的事物，如「關懷」、「幫助」、「目光」、「包容」、「堅強」、「信念」等；然後化虛為實，尋找具體的行為或事物作為載體，表達自己的一種認識或觀點。

★要素：「我」——生活感悟（體驗或閱讀）；

「忽視」——不關心、不介意；

「轉變」——不關注→關注，即你忽視了什麼，然後在怎樣的契機下你關注到了「新的情感、新的發現和新的道理」。

那些曾被你忽視的，在下面這些文章中可以被發現。

曾被我忽視的漢語之美

徐天暢

北京八中二〇一五屆，現就讀於高二科技實驗班。
自幼習得古箏，故偏愛中國古典文化及其獨特韻味，
更對英美十九世紀前後的文學作品著迷，渴望像凱薩琳·恩肖一樣敢愛敢恨。

最常接觸的永遠是最易被忽視的，作為一個從小接受西方觀念、被西化得「無可救藥」的人，我上高中以前的確對這門母語向來得過且過。對於廣為稱讚為「美」的文字，我總是覺得那是所謂文學家的矯情做作。「漢語不過是用來交流的」，懷著如此荒謬的理論，我和漢語之美常常擦肩而過，從未注意。

直到上了第一節高中語文課，讀到上屆已畢業學長學姐們由心流淌而出對語文學習的感悟──那是一顆顆澄亮潤透的詩心！隨著老師一字一句地誦出他們的心聲，我也凝神閱讀，體會他們的「旅程」：「素影清氛」是怎樣的靜謐素雅的氣氛，「行到水窮處，坐看雲起時」是怎樣豁達的人生觀，勃拉姆斯與克拉拉四十三年的愛情是怎樣含蓄絕美……一個個習以為常的方塊字竟能組合成如此美妙絕倫的篇章！漢語之美不是無病呻吟，竟是內心感悟抑不住地流出筆尖，躍然紙上！

漢語之美，美在於流露出的率真性情。

盼到了第一次寫古詩文感悟，盼到了第一次聽老師講解賞析……一個月與漢語之美相伴的時間如白駒過隙：品味美文，欣賞同學寫下的感悟，閱讀文學大家筆下解讀的歷史名人──由辛棄疾痛拍欄杆我理解了一心為國為民、卻無法實現政治抱負的悲憤，我

懂得了有德有才者成為偉人的必然性；由岳飛所受的不公待遇而談到古今「忠」的意義……

漢語之美，更有歷史的融合和思想的深度。

有了一定的閱讀積累，我才漸漸懂得美的語言，絕不僅僅在於表層的辭藻。漢字，毋庸置疑承載了中國源遠流長五千年的文明，它可以像其它文字一樣通過巧妙的組合攢成精美的語段，但是它遠遠比精美要厚重。一筆一畫地從筆尖落在紙上的方塊字比抽象的英文、卡通樣式的韓語來得艱難，但只有這些字，飽含形態美感的漢字才能承擔得住我們東方人底蘊豐厚的思想，才能體現我們超然物外的感受，我們的情只有透過這種美麗的語言才得以淋漓盡致地展現。

漢語的美不只是在於它的寬度，更在於它別樣的深度，深邃的文化與思想在其中扎根，而它們的美不能再被忽視，只等我，只等我們繼續深掘感悟。

（高一作文）

初上高中一個月的時間，作者就對我們熟悉又陌生的母語有了這樣翻天覆地的新發現和新體會，不能不說寫作乃至語文學習是一個「厚積薄發」的傳承與積澱，同時該生也是一個學習和寫作的有心人，能在考場上把老師課上的內容幾乎和盤托出，已然超越了「他山之石，可以攻玉」的境界。同時文中的「它可以像其它文字一樣通過巧妙的組合攢成精美的語段，但是它遠遠比精美要厚重」、「飽含形態美感的漢字才能承擔得住我們東方人底蘊豐厚的思想，才能體現我們超然物外的感受」、「漢語的美不只是在於它的寬度，更在於它別樣的深度，深邃的文化與思想在其中紮根」這些振聾發聵的語句，讓一個語文

老師恍然發現那些也曾被我們忽視的「美」。文章語言雋永典雅，選點虛實相生，寫作水準可見一斑。

王素敏

曾被我忽視的仙人掌

呂俏然

北京八中二○一五屆，現就讀於高二科技實驗班。
不是文藝青年，卻偏愛文學和音樂。
願與君同醉採香歸，當此時，花月正春風。

在我們身邊的許多事物，看上去很普通，很平常。偶然間我們可能發現，平常的外表下蘊藏著一顆不平常的心。

春天，姥姥執意要把她養的仙人掌放在我的房間裡。我打量著它：老氣的花盆，矮矮胖胖的身材，綠漆似的外衣，還有渾身上下又長又尖利的刺……我本能地推辭著，因為小時候被它扎過兩次，那種難以消除的刺痛感讓我害怕。然而反對無效，因為姥姥說仙人掌可以防輻射，於是我只好收下，然後把它丟在窗臺邊上。

隨著時間的推移，到了夏季。早上起床後，我習慣性地向窗外看，卻意外地發現窗臺角落的仙人掌上鑽出了幾朵黃色的花。或許你對仙人掌開花有所耳聞，但我卻聞所未聞。十分驚奇的我急忙趴到窗臺上看，映入眼簾的還是那個渾身長滿刺的綠色的胖球，所不同的是它頭頂上，戴著兩朵淡黃色的小花，花瓣像小手一樣完全張開，花心是淡淡的紅色。多麼秀氣，多麼美麗啊！只知道仙人掌有蠢笨的外表，討厭的尖刺，不曾想它卻從心中生出朵朵可愛的花，彷彿在向我微笑，以它獨有的姿態，努力盛開著。這巨大的反差令我折服，也使我深思。

仙人掌冷酷的外表下，藏著一顆柔軟的心，它的心中也有對美的嚮往與追求，對真摯情感的渴望，只是拙於言辭，鮮于表達。我

的腦海中不禁浮現出這樣的畫面：教室裡，大家三五成群地討論問題，常會有一兩個人被孤立。我們身邊不乏這樣的人。大家不喜歡他，忽視他，忘記了他也有一顆柔軟的心，也需要以真心相待。為什麼我們不能多替別人考慮，向這樣的人施以援手呢？

　　反思當今社會上普遍存在的農民工問題，因為職業特點，農民工總穿著不甚整潔的衣服，常在公共場合遭到別人的白眼。我們是不是忘記了，在他們粗獷的外表下也有一顆柔軟敏感的心，他們也渴望別人的認可，也害怕別人的厭惡和漠視。多替別人想一想吧！從我們的真心出發，用心體會那些粗獷外表下一顆顆柔軟的心。真心相待就能換得真心，真情相待也能換得真情。

　　猛然間，那盆仙人掌，在我的心底激起了思緒的波瀾，曾被我忽視的仙人掌的柔軟的內心，那麼頑強，等待著哪怕只有一次的盛開，它讓我學會了如何看待、體諒他人，如何真誠對待世間那種透過簡陋的外表而深藏的美麗心靈。

　　從一盆普通的仙人掌中得到啟示，體會到哲理，讓我們的生活更美好。

　　（高一作文）

　　作為高一的習作，作者在駕馭材料和構思成文方面顯示了一定的能力。文章從一盆小小仙人掌說起，先抑後揚，由表及裡，更可貴的是由物及人，從仙人掌而想到了「農民工」，想到了如何真心換真情。這種曾被作者忽視的人性的美和透過外表看內在的哲理，是比較深刻的。所以文章既有情懷更有哲理，如果從高一開始就這樣觀察生活，「由我及人」地體悟生活，定能不斷地寫出有情懷有思考的「優品作文」。

王素敏

CHAPTER **06**

作文訓練之
積累與整合

在作文訓練的諸多方法和要素中，最基本的是「積累」。這章裡我們一起探討「積累什麼」、「怎麼積累」的問題。

一、目標明確、系統規劃

積累素材幾乎是大家的共識，我們更要在積累什麼、怎麼積累上下工夫，這方面一定要做減法才是上策。一方面學習人類一切先進的思想，從點滴中感悟、思考；另一方面還要「走進名人」，他們是人類文明寶貴的精神財富；可以從「人生生命」、「文化人文」、「環境發展」、「自我社會」等四大方面來邊積累整理邊學習思考，因自己的需要和特色而定。所以，積累要注意伴隨著思考才是最有效的，否則頭腦就會像是雜亂無序的倉庫，何談自如地運用，更不可能內化為自覺的能力了。

思想的積累和提升是一個漫長的滲透過程，這就需要細心、持之以恆地用一雙慧眼善於發現捕捉、思考感悟，點撥昇華，讓「瞬間」變為「永恆」，讓情感昇華為理性，從而烙印在思想深處；做到以小見大，虛實相生。一個詞、一句話、一個微笑都隱藏著這種「智慧」，讓寫作變成一種無處不在的享受。

【示例1】問題：閱讀肖復興的〈水之經典〉和范曾《大丈夫之詞——論辛稼軒》後，以「水的聯想」為題寫一段文字，談談你對「水」的認識和感悟。

★從水的智慧中我聯想到了一個人的內斂與張揚。都江堰的水教會我們在現實中實現自我的價值，九寨溝的水教會我們如何在藝術中淨化自己的心靈。上下天光、一碧萬頃時，水則載舟，水在包容；澎湃激蕩、震驚萬壑時，水則覆舟，水在釋放。人若是學會了水的張弛之道，便也學會了處世之道。內斂時則直面心靈，反思自我，居卑處微；張揚時則釋放激情，敢於挑戰，乘風破浪。斂，積蓄張的力量；張，回歸斂

的理智。

★上善若水，水究竟善在哪裡。我想，這正是因為文中提到的滋養萬物與蕩滌心靈的特質，以及從中生發出的韌性與寬廣的胸懷。「天下莫柔弱於水，而攻堅強者莫之能勝。」水善於積蓄力量，水滴石穿，高屋建瓴，正是水超強的韌性與毅力，成就了我們認識到的剛強的水。而水能載舟，水利萬物的廣大的胸懷，卻又是它柔的一面。因此，水是剛柔並濟的。在生活中，我們也要像水一樣學會包容與堅韌，集剛柔於一身，智慧地走向人生的輝煌。

★水有著兩面性，一則寧靜至善，二則激蕩澎湃，這如同都江堰的水一樣。其實這都表現了水的強大。水的柔弱不爭，卻能善利萬物；震驚萬壑之時，人和水相比又是多麼渺小。寧靜至善，與世無爭，是一種力量的積蓄，而那波濤是積蓄後的爆發。水寧靜時的低調值得我們學習，「甘於居卑處微」的背後是不為人知的積蓄，而那一鳴驚人的爆發，正需要這種「不爭」的精神。與世無爭的背後，也有一顆「利萬物」的心。所以，水看似矛盾的兩面性，正是它的偉大所在。

思考這個問題需要注意：首先，把握水的特性——至柔至剛；其次，感悟水的品格，從而聯想到人的某種精神；最後，考慮到水的兩面性即如何利用。概括就是，具體到抽象（因物見理）、由物及人（特性精神）；然後突出一點，條理清晰，語言流暢。

【示例2】然後在此基礎上，我們再來舉一反三〈樹的聯想〉，請看——

★楊柳低垂，微風拂過，柔軟的枝條撫動詩人的思緒，化成一句「楊柳岸曉風殘月」。落盡最後一片枯葉，映著無邊夕陽西下，那是有生命活力的樹勾起詩人心中無限蒼涼，化成一句「枯藤老樹昏鴉」。太多的文人騷客樂於借「樹」發揮，原因就在於樹的多變——能勝任主角，而陪襯亦做得。樹，為我們過於冰冷的城市帶來些許生機，為人們投下

片片濃蔭，不求人的關注，低調地做著自己的本分，將根埋在一方小小的土地，向下延伸，堅定不移。然而我們並不關心這一棵樹那一棵樹有什麼區別，它們卻毫不懈怠。茫茫戈壁，天地間唯有胡楊傲然獨立，作為毋庸置疑的主角，招待著探尋它腳下土地的旅人。於是，樹又成了主角，高調而淋漓盡致地綻放自己的美麗，不吝惜一丁點美感。做人應當像樹，脊樑不折不彎，總能找準自己的位置。

★榕樹是懂得回歸的。鬱鬱蔥蔥，層層疊疊，一隻只有力的手伸向遠方，似乎要將一切懷抱其中。但在伸向遠方的同時，手並沒有忘記自己的靈氣之源。大地賦予它們生命，它們便回歸大地。於是，一條條氣根從枝條垂下，懷著一顆謙卑的心，默默地扎入養育自己的土地。人，也應該懂得回歸。高遠的志向固然能讓你伸向遠方，但若是忘掉了自己的根，又怎會穩穩地立在天地間，不可撼動呢？沒有了氣根，再長的枝條也會垂落。因此，在不斷追求理想的同時，不要忘記心靈中的一片淨土，不要忘了自己的根。浮躁時，紮根土地，你會收穫平靜與淡然；迷惘時，回歸大地，你會多一分希望與憧憬。不要忘記，你是永遠屬於你自己的。時常回歸心靈的淨土，讓靜默的根系深扎大地，你才會延伸得更遠。

★柳的輕柔與無依總是會勾起人心中最清晰易碎的記憶。李白的柳是他深濃的故園情，是他隨風散入洛陽的嗟歎；柳永的柳是他如一場夢幻的多情，是他白衣上未乾的淚點；徐志摩的柳是他再別康橋母校的感慨，是他甘將熱血融於此處的留戀。柳，承載了過多的離愁別緒，負擔了太多飄零苦難。但柳終究是柳，並非浮萍或飛絮，它是鮮活的，是有根的。文人們的感情並非因柳而起，而是因為他們本就像柳，於羈旅情傷離愁中孑立，於消極之中失意著，也詩意著。他們的人格是有根基的，是獨立的，因此不會在沉鬱中隨波逐流，不會淪落為只知悲戚的懦夫。

★樹，它不似向著陽光瘋狂生長的麥子，而是深深地紮根地下，挺拔而威嚴。樹，因根的滋養而枝繁葉茂，因根的深扎而屹立不倒。人如同樹，有根便有了魂。

於人於樹，根究竟為何物？沒有根的樹，連在風中瑟瑟抖動的資格都沒有，一陣風過，只是橫倒於大地上的空洞的軀幹；沒有根的人將不知為何而來人間走這一遭？來也匆匆，庸庸碌碌，心流浪於軀體的空殼之外，墮落不知緣由，奮鬥沒有目標，生死輪迴，去也匆匆，根是生命的滋養場，是人生拼搏的指路標。

尋根，苦苦尋覓，根又在何處？「荷戟獨彷徨」的魯迅，留下《多餘的話》、盤膝坐地受槍刑的瞿秋白，骨灰撒向大地「大無大有」的周恩來，都在追尋中國的根。而今不是缺少中國人的面孔，而是缺乏追尋中國根的心。根其實就在我們每個華夏兒女的心田，為之奮鬥一生，待它生根發芽。

樹之根，生之源也；人之根，奮鬥之本也；國之根，民族之魂也。

聯想，關鍵在於抓住事物的特徵，準確找到聯想點，由物及人，由情見理，由具象到抽象，是對生活積累、思想深度、思維力度的考量。經常這樣練習，對讀寫能力的提高會事半功倍。

二、讀寫結合、源頭活水

1‧構建精神家園

人們常說，會讀則會寫，閱讀的意義和價值是弘揚和培育民族精神，受到優秀文化的薰陶，塑造熱愛中華文明、獻身人類進步事業和勇於擔當責任的精神品格，形成健康美好的情感和奮發向上的人生態度；引領我們認識自然、認識社會、認識自我，從而規劃人生，實現「小我」和「大我」的統一或雙贏，力爭多角度實現閱讀文本的價值追求。

閱讀美文是一種精神的享受和超越，這種精神之旅需要我們「獨具慧眼」並「行成於思」，長期積累，必「偶然得之」。

【示例3】閱讀〈親愛的麥子〉後，在「一粒麥子」的成長歷程中，哪一點最能引發你對人生的感悟，請談談你的體會或思考。

★由於作者工作繁忙，無暇照顧麥子。麥子在花缽裡孤獨地生長。雖然日漸堅強，但畢竟生長在繁華的都市。麥子在異鄉孤獨地漂泊，不禁讓我想起那麼一群人。他們或是被迫離開家鄉謀求生計，或是懷著五彩斑斕的夢前來圓夢。他們像麥子一樣，飽含著家鄉的氣息，承載著家人的希望，在這裡奮鬥，向著陽光堅強的生長。然而這畢竟是繁華的都市。不管他們是多麼飽滿的麥子，對於這座城市，他們永遠是旅人。而對於他們，這座城市則永遠是他們流浪之所。我們無法像他們家鄉的泥土給予他們澎湃的感動，但何不做一束陽光溫暖他們敏感而纖細的內心，讓這座城市中的麥子們幸福地生長。

★最能引發我對人生的感觸的是：麥子自在陽臺上兀自流浪的孤獨。作者在文中寫道，他讓麥子兀自流浪在陽臺上，正如他的父親讓他一個人漂泊在異鄉一樣。簡單的一句話，卻折射出父愛之厚重深沉。父親送「我」進城，與「我」將麥子留在陽臺上一樣，都是蘊含著內斂之愛的舉動——讓所愛之物之人經歷磨難，以成就其堅忍，在孤獨中堅強地誕生出綠意。記得兒時看到過一個詞——大愛如棄，當時極為不解。現在想起卻感慨頗多。父母盡自己所能為兒女擋去風雨是一種愛，那麼將兒女推出屋簷下，用「棄」促使他們成長又何嘗不是一種愛？「棄」之所以為一種大愛，正在於它更加隱忍，也更加博大。它不是為子女鋪好前行之路，而是讓子女自己去學習鋪路之法，如此，便永遠沒有走投無路的一天。現今，父母對子女之愛未曾少過半分，但他們所做的更多的是殫精竭慮，不敢讓孩子離家半步。然而只有「棄」之大愛才能讓離開故土的麥子依然蔥綠。無論何時何地都能收穫金黃的穗粒，也收穫成

熟。

　★麥子被人隨手丟進花缽，經過半年的風吹雨打，竟長出了一粒嫩綠的芽兒，這點最令我動容。在我的印象中，麥子總是以麥浪的形式存在，它本屬於金色的麥田，和煦的陽光。但此文告訴我，麥子也可以是孤獨的。脫離麥浪的麥子展示的不同於麥田浩歌般的生命力，而是一位孤獨旅者的韌性。有時我們也會像那粒麥子一樣在他人的質疑中獨自前行。人生如逆旅，我亦是行人。我們萬萬不可逃避現實，更不可自我懷疑。堅定地走腳下的路，我們終會在屬於自己的那方泥土中收穫人生的麥粒，書寫別致的春天。

　★平凡與偉大總是牽絆在一起的，正如平凡的麥子與偉大的人，千百年來總是相伴相守。

　麥子是平凡的。這種平凡，源自外表的純淨與內心的樸素。小小的麥子，卻是人們延續生命的倚仗，若沒有了生命，又哪裡會有今日繁榮的社會與燦爛的文化呢？我們所見的偉大，原來是平凡的累加。

　麥子是平凡的，正如那些播種它們的農民一樣，樸實、無私，在希望的原野上播種，讓花一路開到生活中去，開到別人的心裡。農民將品性賦予了麥子，正如千千萬萬普通勞動者一樣，他們是熱愛生活的人。因此，他們會勞動，會奉獻，會關懷，會去做讓自己有意義的事。同時，讓別人感到溫暖。麥子對於人們來說，不是在制約，而是在幫助，是在滋養。倘若我們真正偉大，就應該學會感恩，學會銘記；假如我們只是平凡，至少也要受到麥子的啟迪，去奉獻，去勞動。平凡與偉大，最終都要偉大！因為平凡者的偉大之心是值得尊敬的，而那些偉大的人，也始終在做著平凡的事。

　2‧培養審美、思考和感悟能力

　審美鑑賞力的提升要在審美體驗中完成，欣賞美文是「知情意」全面發展的必由之路，閱讀中要關注情感的發展，受到美的薰陶，培養自

覺的審美意識和高尚的審美情趣，提高文化品位。從體驗、感悟到發現、創造，這是審美意義的終極關懷。為此，不妨平時有計劃地進行「每周美文」個性化閱讀積累實踐活動。

通過閱讀和思考領悟其豐富內涵，探討人生價值和時代精神，以利於逐步形成自己的思想、行為準則，樹立積極向上的人生理想，增強民族使命感和社會責任感，養成獨立思考、質疑探究的習慣，增強思維的嚴密性、深刻性和批判性。在與文本的相互切磋對話中加深領悟、拓展延伸，尋找並積累寫作的素材，這樣寫作就有了源頭活水，汩汩泉湧。

【示例4】讀〈大師的眼睛〉一文後，寫一位你熟悉的大師，通過眼睛寫人物的精神世界。

★葉賽寧的眼睛──迷惘

他自稱是「鄉村最後一個詩人」，作為俄羅斯田園派詩人的葉賽寧在這樣認為後離開了人世，留下了一個「葉賽寧之死」的永久難題。

出身農民家庭的葉賽寧歌頌革命，但從根本上他並不理解革命和蘇維埃制度，於是他開始變得迷惘，原本清澈的眼睛蒙上了一層憂鬱之光。記得有個詩人說過：「若說人心是個無底洞，欲望便是洞底最暗的光。」葉賽寧有欲望，可他卻不知道自己真正想要的是什麼，於是他迷惘。

懂得思考的人才會迷惘，葉賽寧用一生去思考，去尋找自己心底的美好，心底的理想。他熱愛大自然，他的音韻放射著俄羅斯土地結構中所特有的那種礦物的神奇光彩，他出於對俄羅斯鄉村的執著眷戀而不能認同現代文明的強大推進及其對鄉村的破壞，他看不清心底的理想，他迷惘了。

葉賽寧的迷惘不是個人情感的迷惘，是一個民族甚至一個時代的迷惘。如果說普希金是一個走在時代前列、為爭取民族自由而呼走的詩人，那葉賽寧無疑在有意無意中充當了一個時代的「反面角色」，他強

烈渴望保留的是特定時代的地域文化，高爾基分析他的死因時就認為他死於文明的衝突。那個時代面臨著工業文明與農業文明的衝突。葉賽寧渴望改革，卻熱愛田園景色，不願它們被工廠取代，他因此迷惘了，時代也迷惘了。這種迷惘是世界性的，當我們文明的古跡變為廢墟的一那，中華文化沒有迷惘嗎？

從葉賽寧的眼睛裡我看到了迷惘，從這迷惘的眼神裡，我聽到了白銀時代的歎息，相信葉賽寧現在不會孤寂，因有無數後代學者也為文化古跡所受的破壞而歎息，他的精神世界不再孤單，可照片中那迷惘的眼神永遠地留在了那個時代。

★梅蘭芳的眼睛──從容

在臺上，他精緻的妝容、婉轉的唱腔令人傾倒；在臺下，他溫厚的為人、堅貞的氣節令人佩服。梅蘭芳在戲如人生和人生如戲之間從容地轉換著角色，他是一個稀世之人。

梅蘭芳那雙炯炯有神的眼，是兒時為學戲盯鴿子練就出來的。在戲裡，我們從他明亮的眸子裡，找到了婀娜的嫦娥、悲壯的虞姬、巾幗不讓鬚眉的穆桂英。中國古代一位位儀態萬方的女性，她們那微妙、細膩、難以把握的心思都在梅蘭芳的一招一式、一顰一笑中精準地呈現給觀眾。作為一位儒雅俊朗的男性，他演繹東方女性含蓄、內斂時的從容，是對藝術的熱愛與渴求。

梅蘭芳那雙炯炯有神的眼，眉宇間凝聚著民族氣節、不屈的傲骨。日本人讓他演戲，他卻蓄鬚明志，這是一種多麼有力的無聲的抗議，是作為一名藝術大師民族氣節的最佳體現。這種處事不驚的氣度，從容不迫的風範在他的梨園人生中留下了濃重的一筆。

★普希金的眼睛──良知

有些人活在自我中，他所看到的只有自己的利益；而有些人卻活在人群中，讓他人分享自己所擁有的美好，讓世間黑白分明。

普希金便是後者，他活在世界上，便要用自己去照亮黑暗，要讓人們從他的眼睛裡，體味到良知的力量。

普希金出生於貴族之家，卻堅定地站在十二月黨人的一邊。看清沙皇的黑暗統治，流放、陷害都嚇不倒他，更禁錮不住他的文字。一行行的詩句，是他的熱情，是他的力量，更是他作為一位文學家的良知。

世上既有白，便有黑；既有善，便有惡。惡既是無法根除的，又有多少人放任自流呢？而「普希金們」，他們作為個人的力量是渺小的，卻以己為燭，照亮世界，賦予世人一雙明辨黑白的眼睛。因為良知，所以懂得什麼是善，什麼是惡；既無法消滅惡，便要喚醒善，讓世人感受善；以自己的良知，喚醒更多人的良知，如星火代代相傳。

人的眼睛像一扇窗，良知便是這窗中映出的燈火，隨著一位位「普希金」的出現，這世界終將向光明一步步邁進。

★晏小山的雙眸──彌漫著無盡的憂傷

晏小山是我喜歡的詞人，雖一直不曾見過他的畫像，但心中一直有著屬於他的朦朧輪廓。小山的雙眸一定彌漫著無盡的憂傷，那是雙典型的多情文人的眼。

小山的那雙眼睛像是在霧裡，那層淡淡的霧籠著他那雙迷離的眼，讓人憐惜地想撥開那層霧，驅散那淡到極致後濃烈的憂愁。透過那層薄霧，那雙眼睛清澈見底，就如他的小令，若出水芙蓉一樣清新可人，叫初見的人清新，再見的人傾心。然而清新得卻那樣悲涼，仍是「淚眼問花花不語，亂紅飛過秋韆去」的感傷。

小山之後，是小令的消亡；晏幾道是一段年華的謝幕人。少年時父親正高居相位，烈火烹油鮮花著錦的好富貴並沒有污濁了他，他的眼依舊清新冰潤；父親死了，「樹倒猢猻散」，而他寧願和李煜一樣，放縱自己沉溺在南唐舊夢裡，雙眼蒙上了那層哀怨的情殤；小山凝眸春水，似楊柳舞春風，卻舞不盡他眼中的迷惘與憂傷。他道：「從別後，憶相逢，

幾回魂夢與君同。」目光相碰，望見的是小山的淚眼，盈盈；眼中愁絲顫，巍巍。

　　「琵琶弦上說相思，當時明月在，曾照彩雲歸」，小山又醉了，醉眼凝噎，相思的不只是兒女情長，更是那荼蘼的舊夢；「落花人獨立，微雨燕雙飛。」他念道，眼中依舊迷惘惆悵，他憂傷的不只是往事過眼雲煙，更是那世態的炎涼。

　　還是那雙彌漫著無盡憂傷的雙眸，不曾變，一瞬間，小山恍惚了，究竟人生似詞，還是詞如人生？

　　閱讀一篇篇精彩的美文是一次次精神的「發現之旅」，一篇篇文質兼美的文章就是一扇扇窗，打開它們，風景這邊獨好！「問渠那得清如許，為有源頭活水來。」朱熹的詩句啟示我們讀寫之間架起橋樑，我們就能揚帆遠航。

【題目呈現】閱讀下面文字，按要求作文。

風雨之後有彩虹，月圓之後有月缺，播種之後有期盼，送別之後有思念，繁華之後有凋零，磨難之後有成長⋯⋯

請以「＿＿＿＿＿之後」作為題目，寫一篇不少於八百字的文章。除詩歌外，文體不限。

要求：將題目補充完整，並寫在答題紙上，然後作文。

【解題簡析】半命題作文，一直以來備受青睞，原因在於它既能考查審題能力和成文能力，又能很好地給大家提供比較寬鬆的寫作空間和自由，同時對同學們的文化積澱、文化視野以及人文情懷也有很高的要求。

這個文題，首先要考慮材料中「風雨與彩虹」、「月圓與月缺」、「播種與期盼」、「送別與思念」、「繁華與凋零」、「磨難與成長」這些概念之間的內在聯繫，有對立更有統一，如何對立、如何統一需要我們深入思考，將它們放置在一個更廣更深的範疇內，才能看透它們之間本質上的聯繫，這是審題構思的關鍵。

於是選取角度時就要注意從以上特點出發，然後成文，下面這些文章都恰當地抓住了這些特點。

放手之後

武凡

北京八中二〇一二屆，現就讀於首都師範大學。

當年小軒窗裡，玉蘭樹下，老師不止一次地教導我寫作文當「帶著枷鎖跳舞」；而今學著地理，過著在山水間翩然起舞的日子，卻一次次地想念當年咬著筆頭思考怎樣將腦海中跳躍的奇思妙想裝在「命題」的容器裡的模樣。

人這一生，總有太多事物想要追求，總有太多人想要挽留，可又有太多希望，像春花般終會凋零，如流水般終將遠逝。

不如放手。

放手之後，或許才能獲得更多。

總有一些事情我們沒法勉強，無論是花朵的零落，還是感情的飄逝，握得越緊，越只是更痛苦地感受到一步一步地遠去。

青山遮不住，畢竟東流去。

就像手中的沙，握得越緊，只會流得越快。

留不住的話，放手吧。

也許執迷不悟可以得到一些什麼，但到頭來不過化作白水清湯般的索然，有時候也許我們所熱愛的就是為了心中的熾熱而追逐而沸騰的瞬間，有時也許圓滿還不如遺憾。

得不到的話，放手吧。

籠中的鳥終究只剩徒然淒婉的悲歌，卻只有在山林中才能綻放出全部的美麗，這也就是放手的意義。

放手之後，才能成全一種因遺憾而圓滿而晶瑩的美麗，美得彷彿玫瑰花瓣上的淚滴。

李白正是因為放手了，才會歎那句「美人如花隔雲端」，才會

有了一段長相思不知催煞多少癡情人心肝；元稹正是因為放手了，才會有那句「曾經滄海難為水，除卻巫山不是雲」的款款深情。金岳霖放手了，可他放不下，放不下那個令他心心念念的林徽音；正是他放手的包容和入骨的柔情，才織就了至今為人傳揚的佳話。

放手之後，所有的愛將以另一種方式得以永恆。

我記得柴可夫斯基和伯爵夫人之間那欲說還休的彩箋尺素，正是因為他們放下了對彼此佔有的執念才讓那份情懷成為一段美麗的飄逝的含蓄，而非街頭巷尾的蜚短流長。

我記得杜拉斯飛蛾撲火的深情，亦記得她放手的淚眼與決絕，正是放手之後的堅決與曾經的纏綿，才成就了《情人》的不朽。

我記得寶黛在大觀園的小兒女情深意長，若黛玉真的嫁與了寶玉是不是亦不過柴米油鹽、夫妻拌嘴的生活？絳珠仙草之清妙與九天頑石之真摯，正是在那不得已的放手之後，越發的哀婉淒美，越發的出塵脫俗。

我知道，放手很痛；我知道，圓滿很好。可是有時候執拗不過會撕破夢境存留的美好，那便不如放手。

放手之後，人得以逃離那無息無絕的疼痛。

放手之後，美好得以永恆而不會被時光消磨為風沙。

得不到的話，勇敢地放手吧，若結局是那如斷開的掌紋般的分道揚鑣，不如早一步勇敢地放棄，也便是放棄了未來的淚與痛。在夢最美的地方戛然醒來，也就可以用來懷念，就好像從不曾醒來。

放手之後，他會記得，你當年的微笑，妍媚如花。

（高三作文）

這是一篇情美辭美的散文詩樣的「優品作文」。作者說「放手之後」，這樣略帶傷感的字眼，卻寫得細膩婉轉而細細想來又

很有些道理。其中不乏「就像手中的沙，握得越緊，只會流得越快」、「有時也許圓滿還不如遺憾」這樣耐人尋味的哲思。文中豐富的材料和詩詞的化用、活用顯示著作者深厚的文學功底，雖不免有些「小資」的情調，仍不失為一篇文質兼美的文章。

王素敏

功成之後

周旭

北京八中二〇一二屆，現就讀於中國農業大學。
文字於我而言，絕不是應付考試的工具，而是自己成長道路的見證者。
先敬畏文字，再駕馭文字，用它雕琢時光，待到年華老去再來品讀，
才會別有一番風味。生活之美不過嘗世間百味，品甘醇抑或澀苦，
將往事點滴皆著墨，回首笑談中，拂去衣上紅塵土。

月圓之後有月缺，風雨之後有彩虹。世間無一處不變幻無常，無一處不峰迴路轉。

人生更是如此。

當我們傾生命之力登臨縹緲之巔，將自己的名字刻在絕頂之處。茫然，我想應是很多人達成目標後的狀態。

不只我們如此。

春秋霸主齊桓公在管仲輔佐下成就一番偉業，卻在功成之後忘乎所以，不聽忠言，落得個身死三月無人收屍的下場；太平天國揭竿而起成功發動革命，然而最終卻落得個全盤皆輸的下場。歷史上有太多的無疾而終，只因人們過分追求功成名就，而不從全域考慮自己的人生。煙花只綻放一那，我不否認它足以照亮整片夜空，但我知道它在用燃盡後的寂寞與粉身碎骨的隕落裝點我們的生活，成就片刻燦爛。

像飛蛾撲火般用生命換取涅槃，那是令人唏噓的勇者。在我看來，懂得將整個生命的圓滿看作終極，遠比只追求成功智慧得多。

那麼，功成之後，我們又當如何？

古人講求以儒濟世，以道修身，以佛治心。儒家將道德與責任看得高於生命，更何況朱夫子將儒學中的人欲滅盡。我們在追求功

成的路上可以用儒的觀點正其道，然而用儒的觀念看待功成之後，就不是我們眾生可以達成的了。而用佛家的觀點，我認為更不恰當。或許佛家根本沒有功成這一概念，一切有形象者皆是虛無，它要求人們拋棄現世中的一切，方可破除惡源。然而，對於一個功成後陷入茫然境地之人，如何從佛家出世的智慧中尋找入世的智慧？如此可見，功成名就之後，也許我們最好從道家中尋求解脫。

功成之後，是身退。

道之無為不是教人出世，反而是讓人積極實現自己的價值，同時自由地感悟生命，以道的觀念看待功成，便可知功成對於生命的意義。以出世的心態去做入世之事，逍遙而不恃物，功成之後拂衣而去，不讓身形驅使內心，不讓生命為功名所累，那才是真正成就了自己的生命，而不是成就自己在別人眼中的虛名。

我不豔羨居廟堂之高卻始終為天下煩憂的范文公，更不羨慕隱於東籬下幻想桃源樂土的陶潛。滅己身而成高義，縱留千古芳名又豈能換回生時之逍遙？

空為一己之自由、不顧家國責任豈是真君子所為？

我只羨那助句踐復國後毅然請辭、泛舟於蕪湖的范蠡。功成名遂便是完成了入世的價值，盡吾志而不悔，於家國亦無愧。功成而後身退，則是追求生命之陶然，實現人生之大樂。

而今，有多少人在功成之後依然選擇向更高處攀爬，終被欲望吞沒，墜入無底之淵。也許我們都該學會退一步，不必真的隱遁潛形，而是讓心退於名後，保持生命的本真。

繁華之後有凋零，我們都必須接受人無一世之昌運。學著度過功成後的日子，才使生命有別於一現的曇花，而如常綠的松柏笑迎四季。

功成之後的身退其實也可稱一種「進」吧，避俗世之沉浮，享人生之全新境界。

（高三作文）

這是一篇充滿智慧和深思的「優品作文」。三年下來，該生逐漸深邃的思想、成熟的心智和心態，從此文中可見一斑。「成功」是讓很多人嚮往的境界，那麼成功之後究竟該如何？本文作者試圖思考並給出了自己的回答，「功成之後，是身退」，是作者鏗鏘的回答，一句立骨。開篇一句「世間無一處不變幻無常，無一處不峰迴路轉」與此前後呼應，暗含著觀點，如奇峰拔絕。齊桓公、朱熹、儒道佛等材料自如地分析運用，難掩作者深厚的功底，而范蠡的加入更增添了本文的個性化色彩。此文語言的睿智、成熟和典麗堪稱典範，實為難得。

王素敏

遺忘之後

魏聞達

北京八中二〇一二屆，現就讀於美國伊利諾理工大學。
我清楚地記得高中時王老師曾給過我的作文「文如其人」的評價，
而我更願將這四個字調換順序，人如其文，古卷青燈下尋覓理想，
是我用一生追求的目標。

記得在科幻電影中看到過這樣的情節：在不遠的未來，一種新發明的晶片可植入人的中樞神經，儲存人的所有記憶。於是人們迎來了「零遺忘」的時代，然而人們很快發現，自己會忍不住反覆觀看過去的一些本該忘掉的片段。於是一些微妙的細節成了猜忌與懷疑的源泉，而時間本可癒合的創傷也被不斷地撒上了鹽。於是世間便只剩下反目成仇，而喪失了寬恕與原諒。

這一構想無疑具有警世意義，如今的我們是否總是因遺忘而苦惱，而未曾想過遺忘之後才真的能夠解脫呢？

人們常說往事不堪回首，我想那是因為回憶會帶來太多的傷痛，憶逝去的親人，憶逝去的往昔，無不給人「腸中車輪轉」般的痛。魯迅先生在〈為了忘卻的紀念〉的開頭敘述自己寫作此文的目的：「藉此竦身一搖，將悲哀擺脫。」遺忘是對往昔傷痕最有效的治癒，遺忘之後才能從過去的沉重之中解脫。

然而何謂「解脫」？解脫不是逃避，亦不是終結，而是從重壓與泥濘中站起來的姿態。解脫是為了昂首繼續走下去。活在過去的人只能同過去一起萎縮，拭去哀悼的淚水，忘卻自己曾經流淚之後，才能堅強地沿著生命之路走下去。

遺忘之後，我們所獲得的不止於此。遺忘了的與未曾知道的，

對於個人而言，實際上並無分別。未知帶來的遺忘也能帶給我們。斷臂的維納斯擁有無盡的美感，我想著美感來自未知給人的空白，人們可在這空白中各自添加自己心目中的美好。

同樣的，遺忘之後，人的心裡也多了一分空白。而這空白，我想人人都會願意用光明美好來填補。正如柏林牆倒塌後，秘密員警竊聽記錄在歷史博物館公開，卻少有人問津一樣，東德的人們不想知道是自己的哪一個親人、哪一個摯友多年來一直在竊聽自己，人們不願記住記錄上的名字，而願忘記過去的一切。因為遺忘之後，本應有的仇恨被一如既往的愛替代，本應有的猜疑被一如既往的信任替代，本應有的黑暗被一如既往的光明替代。

這不正是遺忘的真諦，不也正是人們長久以來共同的希冀嗎？真相因唯一而殘酷，現實因確切而冰冷，而遺忘之後，春風融雪而新生來臨。人們在遺忘之後解脫於哀傷，同時在內心中重塑光明和美好。

人生一世，草木一秋。沒有人會在春天來到時哀悼去年的一片花瓣，遺忘是天命，是不可抗拒的自然規律。因此，沉溺於過去的人們請抬起頭，看看遺忘之後解脫的釋然與重現的美好與光明。

（高三作文）

「遺忘」總不是值得人稱讚的詞語，而本文恰恰寫遺忘之後人們獲得昂首繼續走下去的釋然。這個想法是深刻和獨到的，作者賦予遺忘以新意，開篇從一個科幻電影入手，反面說明沒有遺忘的世界和生活是很可怕的，然後舉魯迅〈為了忘卻的紀念〉，恰到好處地證明觀點，之後將遺忘和解脫加以區別，重點分析遺忘之後更是「新生」，以柏林牆為例，最後得出「遺

忘之後解脫的釋然與重現的美好與光明」的結論。本文富於理
性和邏輯性。

王素敏

無眠之後

胡博

北京八中二〇一二屆，現就讀於北京工業大學。

死生契闊，與子成說，是我對文字的喜愛。

切磋琢磨，高山景行，是我對文學的態度，更是我對生活的態度。

珍惜愛自己的人，做最美好的自己。

　　月圓之後有月缺，送別之後有思念。多愁善感的心，會因這月缺與思念無眠。不同於庸人的難眠，這種無眠是不朽的，在無眠之後，締造無盡的生活之美。

　　千年前，張繼夜泊楓橋，垂淚無眠。他落榜的失落，旅途的辛酸，全部彙集在一句「姑蘇城外寒山寺，夜半鐘聲到客船」中，流傳了千年，我們至今仍能看到無眠之後的那顆赤子之心，仍能聽到寒山鐘聲裡士子無悔的誓言。一場無眠，是千年之後美的邂逅。

　　古往今來，失眠的旅人何止張繼一人，他們背井離鄉，遍嘗世間冷暖，對故鄉深沉的愛，對夢想難解的癡，便在他們無眠後所作的詩詞中靜靜流淌。

　　誰不曾有杜陵之夢，夢得鳧雁滿回塘？誰不曾有商山早行，行時枳花明驛牆？千古的無眠，是文人士子對家鄉的垂淚思念，對夢想的執著追求。看似平淡的失眠，卻飽含著文人群體對人生的思考與選擇，展現出華夏文化的精髓奧義。這些文人執著而又脆弱，迂執而又善感的氣質，被冷冰冰的失眠之夜映得燈火闌珊，美麗非凡。

　　無眠之後，是文人清醒的孤獨；孤獨之中，是文人群體在覺醒。他們呼喚，他們追求，他們終於學會了生活，學會在失眠之後

重拾年少的夢，學會在坎坷中選擇堅強，看穿生活的清苦而後盡帶歡顏。

孔子木車的激情遠去，鄰國的日本有了一位川端。在旅店中他凌晨無眠，於是便有了那一句「凌晨四點鐘，海棠花未眠」。夜晚是寧靜的，一切事物都變得柔和而富有美感，於是川端康成發現了未眠海棠之美，這種無眠，沒有痛苦，卻滿溢著生活的情趣，讓人十分欣賞。

其實，在生活中，我們的煩惱又何止失眠一件？從張繼到川端康成，一條文人的心路，其實也是美感的來路。梵古在艱辛孤獨的生活中繪出了阿爾的豔陽，貝多芬在失聰後安靜的音樂世界中奏響生命的強音。

藝術，徘徊於生命的峰谷間，因而其每一次跨越都讓人震撼。

失眠、磨難、月缺、送別，這一切都是生活中的低谷，在為生命的騰飛積蓄實力。終有一天，生命將如水之就下，不可阻擋。因此，失眠和磨難充滿了生活之美，我們要善於發現它們並微笑面對，在黑暗中，明月才最亮，豔陽才最具熱望。

無眠之後，靜候美麗的情思，生活從此不同。

無眠之後，守護自己生命的海棠，聽遙遠的鐘聲敲響。

（高三作文）

首先，這是一篇充滿情懷和哲思的詩化散文，作者選擇「無眠」之後來成文，有獨到的思考和感悟。第一段說無眠的不朽，自然想到第二段中的張繼和他的《楓橋夜泊》；第三、四段一個跳躍和升騰，說「誰不曾有杜陵之夢，夢得鳧雁滿回塘？誰不曾有商山早行，行時枳花明驛牆？千古的無眠，是文人士子對家鄉的垂淚思念，對夢想的執著追求」，將一個人的無眠整合

為一個群體的覺醒；然後又深入一步「無眠之後，是文人清醒的孤獨；孤獨之中，是文人群體在覺醒」，從孔子到川端康成再到梵古和貝多芬，最後「在黑暗中，明月才最亮，豔陽才最具熱望」，這樣的感悟和構思是很深刻和難得的。同時，語言的典雅和雋永又顯示著作者深厚的文學功底，實為難得。

王素敏

繁華之後

張浦洋

北京八中二〇一二屆，現就讀於復旦大學。

天資聰明，卻從來不引以為傲，因為堅信聰明不是懈怠的藉口。

樂觀向上，愛好一切充滿活力的運動，常常以此鍛鍊自己，堅定於自己的夢想。

沒有人不喜歡煙花。在燃燒的一瞬，煙花盡情彌散，肆意地灑脫短暫的繁華。然而繁華之後，一切又回到原點，不留下一絲痕跡。

繁華之後，什麼都沒留下嗎？

曾經的金陵不可謂不繁華。歷朝古都，積累了整個國家的精氣神兒，卻也成了入侵者的箭靶。終於，「吳宮花草埋幽徑，晉代衣冠成古丘。」金陵成了一片廢墟，然而它卻成了憑弔者的聖地。多少詩人懷古傷今，感歎繁華不再，又憂國傷時；多少詞人自況自比，渴望建功立業，封妻蔭子。繁華已經變為衰敗，然而它卻給後人以警醒，以前車之鑒提示後事之師。繁華的煙花轉瞬化為歷史的塵埃，塵埃不斷積澱，裝點的是歷史。

繁華之後，只有滄桑嗎？

他的人生曾經不可謂不繁華，然而突如其來的變故，使他傾家蕩產，他的履歷上寫滿了滄桑，可他不曾低頭。在舞臺上，一曲「從頭再來」感動了千家萬戶。我想，在不久的將來，他一定能重現當年的繁華。

滄海桑田，世事變遷，沒有永恆的繁華。況且人們眼中的繁華大多都只停留在物質層面，這就更加大了繁華的不確定性。繁華易

逝，乃古今之常理也。

　　繁華之後，你將看清自己的人生。人人都可以與你分享繁華，但只有愛你的人能同你走過繁華之後的滄桑。患難見真情，你將收穫人生最珍貴的心靈財富。總結繁華前後的得與失、苦與樂，在五味雜陳的人生中，你將體味到不一樣的人生。不必再步履匆匆，只需瞻前顧後，過去的繁華也能成為財富。

　　繁華之後，弱者怨天尤人。然而強者卻能在巨變的人生中鍛造一顆堅韌的心靈。他們知道，只有為人生奮力拼搏過的人，才可能擁有繁華，才可能擁有繁華之後的體會。人生如攀登，本身便包含了失敗的因素，繁華之後，更高的山峰等待著他們的征服。繁華之後，他們依舊可以保持著向上的姿態，你可以涅槃重生，只要你是鳳凰。

　　繁華之後，為何不能還是繁華？為何不能是更燦爛的繁華？

　　如今的南京，不繁華嗎？

　　今年的煙花看盡了，明年還有機會，只要你願意等待。

　　如果你因失去了煙花而流淚，那麼你也失去了群星。

　　（高三作文）

文章思路清晰，有層次。先是「繁華之後，不留下一絲痕跡」到「繁華之後，什麼都沒留下嗎」，再到「繁華之後，只有滄桑嗎」，又到「繁華之後，你將看清自己的人生」，最後又提出「繁華之後，為何不能還是繁華？為何不能是更燦爛的繁華」，這樣不停地思考和追問，將文章步步引向深入。同時以金陵為例前後呼應很恰當地證明了自己的觀點，語言流暢。

王素敏

野火之後

楊陽

北京八中二〇一二屆，現就讀於對外經濟貿易大學金融學專業。
崇尚自由主義和完美主義的水瓶女一枚，性格開朗，
愛笑愛鬧，喜歡與經濟有關的各種話題和書籍。

　　詩云：「離離原上草，一歲一枯榮。野火燒不盡，春風吹又生。」無情的野火肆虐，吞噬著一切生命，留下一片荒蕪灰燼。然而，生命的偉大之處就在於，它能在荒蕪中孕育希望，從灰燼中汲取營養，在黑暗中積蓄力量，終在春風的召喚下，獲得新生。因而，誰說野火之後是無盡的荒涼，在我眼中，野火之後，是生命的覺醒，是希望的誕生，更是生命輪迴的前奏。

　　草，這世界上最不起眼的生命，卻養活了這個星球上將近一半的獸類。它們又何嘗不知野火的威力，所以它們將根扎的很深很深。野火燒去的，只是它們的軀殼，卻摧毀不了深埋的根須。來年春日，又將綠意盎然。

　　大自然的野火不曾停止，人類歷史中的野火又何曾停息？只是，「野火」可以掠走一切繁華，卻掠不走生命深埋在心中的信仰和希望，掠不走那即將迸發出來的力量。

　　野火之後，生命得以覺醒，一場漫天的大火，燒得圓明園面目全非，也將清政府「與入侵者和平相處」的美夢燒為灰燼。野火之後，似是一片荒涼。然而，正是這場大火，激起了中國人民深埋在心中的愛國熱情與反抗鬥志，無數的生命覺醒了，中國也覺醒了。時至今日，這種「覺醒」仍未停止，那是在獸首拍賣會上一次次的

據理力爭，那是無數孩子參觀圓明園時眼中激蕩的淚光……歷史中的火光已然消逝，而中國人心中的火光卻從未熄滅！因為野火之後，是生命的覺醒，更是力量的迸發。

野火之後，是希望的誕生。火雖然吞噬一切，但卻也能帶來一絲光明。而對於一個黑暗的時代來說，這絲光亮是那麼可貴，因為它點亮了黑暗。誰也無法忘記歐洲中世紀那可怕的「宗教囚籠」，囚籠中的人們在黑暗中掙扎，卻看不到曙光。然而，一場火為人們帶去了希望，那是教會燒死布魯諾的火。「野火」之後，布魯諾身軀不復，但他埋在每個嚮往光明與真理的人心中的種子卻開始孕育著打破黑暗的希望。野火之後，一個嶄新的時代即將誕生。

野火之後，是生命的輪迴。想那「原上草」，倘若沒有野火的肆虐，任其瘋長，草原將失去那廣闊無垠，而變成一片雜草林。人類歷史又何嘗不是如此？

正是因為有了野火看似無情的掠奪，才換來生命持續不斷的更新換代，又或者是生命的所謂「輪迴」吧。野火中毀滅的生命中的雜質，只是這「輪迴」中夾雜著的一絲悲涼，因為野火之後的新生，畢竟有所不同，但在歷史長河中，連這點不同也將最終淹沒在時間漫長的「洪流」中，但無論怎樣，野火之後，生命又獲得一次成長的機會，努力生長觸碰陽光，就已足夠。

聽，是誰在訴說那古老的詩句：「離離原上草，一歲一枯榮。野火燒不盡，春風吹又生。」請相信──

野火之後，春日依舊。

（高三作文）

這是一篇充滿激情的文章，作者認為野火之後「是生命的覺醒，是希望的誕生，更是生命輪迴的前奏」，這樣擲地有聲，

然後從大地上的小草說起，直至「人類歷史中的野火又何曾停息」。這樣由實到虛，將視野擴大。中世紀布魯諾的典型事例運用地恰到好處，之後還有「圓明園的野火」直到「獸首拍賣會」這個構思很巧妙，也很恰當。思路清晰，語言簡明流暢。

王素敏

凋零之後

張湛

北京八中二〇一二屆，現就讀於北京郵電大學。
一雙炯炯有神的眼睛裡永遠閃爍著真誠、思考和友善的光芒。
秀外慧中的才學和性格，總是讓人喜歡。自強堅毅、
不怕困難的果敢似乎總能讓人想起柔中帶剛的特點。

　　枝上鮮花雖美豔奪目，卻終有走到生命盡頭的一日。凋零之後，是落得殘花滿地，引人垂淚歎息，還是整朵整朵地墜落，如盛放般再一次給人以生命的震撼？

　　凋零之後的紛紛散落，別具一種淒婉之美。彷彿這凋零中飽含著哀怨與不捨。

　　空中紛紛飛舞的身影，似是作著留戀人間的舞蹈，甚至博得落英繽紛的美名。凋零之後，似是蕭索，似是淒清，似是頹敗。

　　然而，卻也有人不願用自己的凋零贏得同情與淚水，不將絲毫的殘敗留給世界。他們走得決絕，也走得灑脫，凋零之後他們選擇盛放。

　　凋零之後的盛放似是荒誕不經，但那確是花王牡丹生命的寫照——它整朵整朵地委地，落地的花瓣依舊那麼鮮豔奪目。它從不蕭索，從不淒清，也從不頹敗，它不走得淒淒切切、拖泥帶水；相反，它走得那麼悲壯，那麼決絕，那麼轟轟烈烈。凋零之後，它從不要人們惋惜憐愛，它只求再一次的震撼，再一次的驚豔，再一次肆意地揮灑生命。

　　誰又能說這不是凋零之後的又一次盛放呢？同樣是生命之美淋漓盡致地展現，卻又多了一份悲壯，彷彿英雄趕赴刑場時的輓歌。

古往今來，我們的民族血脈裡，從不缺少牡丹的魂，也同樣從不缺少凋零之後的盛放。花王牡丹的一縷芳魂，化作屈子跳江時懷中緊抱的石，化作項王自刎時舉起的劍，化作先烈們染紅大地的血色。那一個個決絕赴死的身影，凝結著華夏民族的骨髓，那一片片染紅天邊的血色，綻開了凋零之後的盛放。用一片血紅刺痛了世人的眼，驚醒世人的心，用一場盛大的死亡，再次謳歌生命的壯美。

面對抉擇，有人隱忍苟活，忍辱負重，保全了歷史，保全了文化。卻也有人毅然走向死亡，保全了血性，保全了傲骨，又何曾不是保全了這絕豔的於凋零之後的盛放，保全了花王牡丹的一縷芳魂，保全了中華大地上渾厚而響亮的聲音？

這聲音互古不變地迴蕩著，讓我們不再懼怕凋零──因為凋零不是生命的終結，當我們毅然決然地擁抱大地時，便選擇了又一次的綻放。

凋零之後，我願綻放。

（高三作文）

應該說選擇「凋零」是需要勇氣的，因為這意味著才思和積澱，意味著成文的能力和語言的功底。該生很好地將這幾點集於一文。從花王牡丹說起，「唯有牡丹真國色，花開時節動京城」。牡丹的委頓讓作者想到「凋零之後它們選擇盛放」，這樣新穎而深刻的感悟，然後重點說牡丹「它從不要人們惋惜憐愛，它只求再一次的震撼，再一次的驚豔，再一次肆意地揮灑生命」。中間一次漂亮的跳躍「古往今來，我們的民族血脈裡，從不缺少牡丹的魂」，這樣一種立意的昇華，使得文章內涵就非常飽滿了，而思路的清晰和語言的雋永明麗，也給文章增色不少。

王素敏

【題目呈現】請以「一年好景君須記」作為題目，寫一篇不少於八百字的文章。除詩歌外，文體不限。

【解題簡析】這是一個比喻引申型的命題作文。源自蘇軾《贈劉景文》，原詩如下：

荷盡已無擎雨蓋，菊殘猶有傲霜枝。

一年好景君須記，最是橙黃橘綠時。

題目中的關鍵字有兩個：「好景」和「須記」。

★一年——可以全程四季，也可以特定某個時節；還可以拓展為當下或過去，這是題目的縱向跨度深。

★好景——可虛可實，自然、人文、生命、生活……這是題目的橫向跨度寬；可大可小，個人、家庭、集體、國家、民族……維度多元。

★須記——為什麼「須記」，即這些「好景」之於現在將來、小我大我、社會文化等有什麼樣的意義、價值和作用。

所以，審題時需考慮以下兩個核心問題，即可提綱挈領。

★好景——是什麼？

★須記——為什麼？

請看下面這些片段是如何立意構思的：

★一年好景君須記，因為這好景便是生活中的點點滴滴，記住這好景，便是記住你曾經的生活。……一年好景君須記，既是為了回憶過去，更是為了展望未來，為了把握當下的時光。……毫無疑問，我們每個人都是生活在現實中，任何形式的虛度光陰都是對自己生命的不負責任。……原來人生中的風景，並不在於是什麼樣的風景，而在於用心去感悟生活，用心去銘記生活的點點滴滴……原來一年的好景君須記，不僅是為了那橙黃橘綠，也不僅是為了記下自己的生活，更是為了把握當下、展望未來，收穫對人生的感悟，從而在第二年擁有更美的風景。

★一年好景君須記，最是皈依綠色時。……一年好景君須記，最是

落葉歸根時。……一年好景君須記，最是松柏傲雪時。……一年好景君須記，讓自己的內心變得豐富，生命越發堅強，靈魂更為高貴，當一切都已成過往煙雲時，唯在生命的最高處俯瞰天際的繁花似錦。

　　★當我們回味一年的苦與樂時，不僅收穫了記憶，同時也讓我們明白了更多的事理。人都是在成長的，我們每一次停歇都帶給我們積累和提高的空間，不管當初得失與否，我們再次回眸之時定能以客觀的態度審視自己。這都是一種「好景」，一種值得我們銘記一生的「好景」。一年好景君須記，留得一夢滿前朝。如君欲進得高名，定須憶往明後理。

　　接下來的這幾篇文章，可以讓我們明白寫什麼、怎麼寫，全在我們才情的呈現和個性的展示。

一年好景君須記

張湛

北京八中二〇一二屆，現就讀於北京郵電大學。
一雙炯炯有神的眼睛裡永遠閃爍著真誠、思考和友善的光芒。
秀外慧中的才學和性格，總是讓人喜歡。
自強堅毅、不怕困難的果敢似乎總能讓人想起柔中帶剛的特點。

一年好景君須記，不是百花爭豔的春，不是綠樹濃蔭的夏，不是銀裝素裹的冬。最美的風景留給秋日——蕭殺中不失堅韌，蒼涼中蘊含生機，秋所需銘記的，是一種獨傲寒霜的姿態。

蕭瑟秋風中，花中君子的荷亦失去了亭亭玉立的秀美，殘破的菊卻仍不改其傲霜之姿。百花凋零之時，因有菊的怒放之姿而顯現出一份別樣的魅力。

和風暖陽中，百花競放，爭奇鬥豔，他們嬌貴的美卻只屬於鳥語花香的春。

在花叢中綻放似是每一朵花的使命，湮沒在百花之中也成為一種必然。然而，在秋日中綻放又是如何呢？不再是渴慕欣賞者的幾句讚歎，那是一種與自然的抗爭，偏是要違背群芳的花期，偏是要在霜寒中開得轟轟烈烈，偏是要在最蕭殺、最蒼涼的季節裡讓世人看到最美的風景。

「他年我若為青帝，報與桃花一處開」——那是愛菊卻不懂菊的人。菊的魅力，正在於它的獨傲寒霜，在於萬物凋零之時那道最奪目的風景。是秋，成就了菊獨傲堅韌的美名；是菊，釀成了秋蕭索中不失生機的一年好景。沒有了秋，菊也會成為百花中美麗卻無名的一朵；沒有了菊，秋會變得冷寂而蒼白。它們在讓人無奈讓人

感傷讓人悲歎的逆境中成就了彼此，留下了無可磨滅的最美的風景——在逆流中不失風骨的傲然。

這份傲然，在黑暗污濁的官場外掃出一片心靈的淨土。任憑黑暗籠罩世界，我永遠緊握著自己的燭光。這份傲然，是朱耷融入墨點中化作白眼向上的魚鳥，嘲諷世人的愚昧，亦堅守著自己的清明。這份傲然，是徐渭用生命的尊嚴滋養出歷史中悠悠生長著的青藤，潮起潮落，時光荏苒，在歲月中青翠依舊。那些熠熠生輝的名字，讓最美的風景盡收眼底。

更令人驚喜的是，傲霜的菊不再孤獨，橙黃橘綠伴其生長，碩果滿枝點燃了秋的生機，也傳承了菊的歲寒之心。深秋時節，最是該銘記之時，因為那裡有肅殺中的堅韌，有蒼涼中的生機，有逆流中的獨傲，有一年中最美的風景。

若非肅殺秋風，怎見菊之傲骨；若非百花凋零，怎見菊之清名。

一年好景君須記，正是花謝菊黃時。

（高三作文）

作者開篇先說一年好景，「不是百花爭豔的春，不是綠樹濃蔭的夏，不是銀妝素裹的冬」，而是百花凋零後秋菊傲霜的姿態。而後作者的獨到思考是「是秋，成就了菊獨傲堅韌的美名；是菊，釀成了秋蕭索中不失生機的一年好景」，這樣，秋與菊在成就彼此時成為一年中最美的好景，然後作者宕開筆，以菊喻人。朱耷和徐渭是很恰當的例子，之後進一步強調「肅殺中的堅韌，蒼涼中的生機，逆流中的獨傲」是一年中最美的風景。全文思路清晰而流暢，語言清秀雋永。

王素敏

一年好景君須記

戴祚銘

北京八中二〇一二屆，現就讀於復旦大學。

無論學習還是生活從來都是一絲不苟，舉止言談透露著紳士一樣的修養和內涵，

不做作不浮誇，腳踏實地地學習，認真對待生活中的每個細節，

從中發現著不一樣的美。

一年好景無數，但我最愛朝陽，那是一切噩夢的結束，那是所有希望的開始。因此我想，一年好景君須記，正是黎明破曉時。

每日來到學校時適逢朝陽，看著那光芒撥開雲霧，無法用語言去形容那瞬間的永恆之美，但卻一直被它感動著。看著那消退黑暗的光亮，我看到了世界；感受著那份驅散寒冷的溫暖，我感覺到了世界。我相信，這個世界上一定有和我一樣用心看日出的人，他一定也會這麼想，一年好景君須記，正是黎明破曉時。

那一天，隨著太陽的升起，我們等來了小伊伊獲救的消息。朝陽的金色散在她那沾著泥水的面龐。昏迷著的她看不到那時黎明的美麗，但我相信，那彙集了人們的愛的陽光已抵達她的心房。但我更希望，這陽光不是集中而短暫的同情，不會像那初生的朝陽一樣會迎來日落黃昏，而是永恆而持續的關懷，像那黎明一樣，永遠充滿愛與希望。真心希望這黎明永存於小伊伊們的心中，在她們無人相助之時，有能力為自己尋找希望。一年好景君須記，正是黎明破曉時。

曾在新聞照片中看到，在硝煙彌漫的班加西郊外，清晨中一名利比亞男孩凝望著遠方的日出。我不知道從那以後他是否還有機會去看日出，我更不知道他們是否還有機會和家人朋友一起看日出，

我只知道有太多的人一生都沒有用心去看,去珍惜每一個朝陽,而是在低頭的抱怨中走向又一天的繁忙。然而,在那名男孩的眼中,我看不到抱怨與哀嚎,我只看到他的眼睛毫無保留的反射著陽光與希望。我希望並相信,他會銘記每一天的日出,因為之後,在他的國家陷入無盡的黑暗之時,他需要從記憶的黎明中獲得寶貴的希望。一年好景君須記,正是黎明破曉時。

我想,無論是小伊伊、利比亞男孩,還是我們,黎明的光亮都是我們生命中最美的景色,它為逆境中的人們送去希望,它讓恐懼的心靈不再顫慄。只有心存「黎明」,才能在黑暗中迎來「黎明」。一年好景君須記,正是黎明破曉時。

(高三作文)

一年好景可寫很多,關鍵在於能否發現並當作「好景」,本文正是因這一點脫穎而出。開篇一句「一年好景無數,但我最愛朝陽」,因為「那是一切噩夢的結束,那是所有希望的開始」,作者化用詩句,巧妙地說出「一年好景君須記,正是黎明破曉時」。然後從自己寫到生活中、身邊處那些被我們忽視的「好景」,尤其是「清晨中一名利比亞男孩凝望著遠方的日出」,這個材料使文章內涵一下深沉而飽滿起來,而且行文思路清晰連貫,語言流暢。

王素敏

一年好景君須記

魏聞達

北京八中二〇一二屆，現就讀於美國伊利諾理工大學。
我清楚地記得高中時王老師曾給過我的作文「文如其人」的評價，
而我更願將這四個字調換順序，人如其文，古卷青燈下尋覓理想，
是我用一生追求的目標。

「一年好景君須記」，蘇軾勸人記住橙黃橘綠的美景。不僅是風景，我們更應記住光景，光景組成的歲月，歲月中沉甸甸的生活。

然而當我們回憶往日生活時，掠過眼前的並不是事情的全過程，而是幾個印象深刻的畫面。如一張笑臉，一個眼神，一個動作。「音容笑貌」是屬於回憶的詞語。正如古人將往事的痕跡比作雪泥鴻爪，蘇軾詩中的好景，所指的也是記憶中的人與事。

記憶不是一盤錄影，而是一本相冊，光景在心中凝聚成了風景。為什麼我們記住的是如今回憶中的畫面，而非另一些畫面？潛意識中選擇記憶什麼由我們的內心決定，同時也影響著我們的內心。

一年好景君須記，擁有美麗的心才能記住好景，而好景在心中的停駐，也會讓心靈更美麗。正如那個將朋友對自己的恩惠刻在石頭上、傷害寫在沙灘上的人，他選擇記住朋友的美好一面，友情便也在他心中盛開得更美。

回顧過去的一年，我們能回憶起哪些畫面？從書本中抬起頭，看到同學都在埋頭學習的畫面，我銘記在心，每當我懈怠時，它會給我動力。推開家門，看到家人的笑臉，我將銘記在心，每當我感到無助時，它帶給我溫暖。這一張張笑臉、一個個生動的畫面，讓

我的生命變得越來越飽滿，越來越充滿質感。

我想起一部短片《回憶積木小屋》，影片背景設定在未來，洪水的氾濫使得片中的老翁每年都要將自己的房屋如搭積木一樣蓋高一層。一天，由於眼鏡掉落，他不得不下潛到下面的樓層去尋找。隨著他的下潛，每一層樓中承載的每一年的「好景」也在他眼前重現，曾經美滿的家庭，曾經甜美的愛情，他的人生如倒帶一般在回憶中上演，令他流下眼淚。也許當一切歸於平靜之後，回憶中的好景便會成為我們唯一的慰藉。

一年好景君須記，一年一年的好景，一年一年的記憶。過去是一個模糊的概念，記憶中的一幅幅畫面是它遺留下的唯一的清晰感覺。懷舊的心總是美麗的，一年年的好景帶給困頓時的我們以慰藉、奮鬥時的我們以動力，在我們的心中不斷湧現，豐富著我們的情感，為我們的生活帶來詩意和溫情。

（高三作文）

這是一篇有內涵的文章，平實中飽含深情，平淡中充滿深味。筆法細膩，語言樸素，但讀起來卻能打動我們，關鍵在於作者抓住了所謂「好景」不過是我們生活中、生命中那些美好而真實的瞬間，然後在作者心中沉澱，用感受和感恩將它們轉化為「好景」，於是可寫的「好景」就汩汩泉湧。作者還善於選材和組材，娓娓道來，不覺冗沓，尤其是《回憶積木屋》是文章的點睛之筆，這樣的「優品作文」需要我們有一顆善感的心和細膩的情懷，便不難寫就。

王素敏

一年好景君須記

倪暢

北京八中二〇一二屆，現就讀於北京大學。

我是個熱愛寫作的理科生，愛用筆讚歎自然，感慨文史；

也愛在紙上記錄自己理性的思考，揮灑心中的激情。曾獲北大校長實名製推薦。

現在的人們，大多蝸居城市，抬頭低頭，只見水泥森林的樹梢、樹根，看不到身邊小片的自然景致，更別提心念自然了。城市人生活中自然的缺失，讓人忍不住喚一聲「一年好景君須記」。

有人可能要問，城市裡有什麼好景須記呢？那勝景，自在身邊自然界的碎片之中。春日，我們也許沒有雜花生樹，群鶯亂飛，但我們有如酥春雨中的朦朧綠意；夏日，靜聽免費的蟬鳴交響何嘗不是一種享受；秋日，豔勝春花的秋葉配上無雲碧空怎不是一幅絕色畫卷；冬天，看那挺冬的松梅，在腦中靜聽凍土下的種子積蓄開春的萌發……這些，如何不是值得一記的好景，浪費了，豈不可惜？須記這一年好景，才不辜負了自然的贈禮。

更多的人可能要問，誠有值得一記之景，記下了又有什麼意義？要我說，記我們身邊的自然景致，是一種責任。既是對我們自己負責，又是對自然世界的負責。

現在城市中的生活越來越依賴的所謂科技，人們身邊的一切幾乎都是人工製造的所謂的高端產品。殊不知，我們本該用科技為自身服務，卻在不知不覺中成了汽車和電子產品的「奴隸」。這些東西方便了人的生活，卻也讓人在人工的複雜中迷失了自己。坐上車，連上網，彷彿世界觸手可及，最終卻是遇到了一群熟悉的陌生

人。年年如此，走完一輩子甚至不知在與誰交流，在做些什麼。長此以往，未來不可設想。如果我們肯用一點兒心，記一記我們身邊的一年「良辰美景」，與人訴說分享，精神便能在與可見可感實物的交流中充實一些，豐富一些。自然不會說話，與它交流要人用心方可成功。因此，記一年好景，也是對精神的一次豐富與陶冶，何樂而不為？

更何況，忽視了自然勝景，沉迷於人工景致的人們容易失去對自然的敬畏心，破壞起自然來也就更肆無忌憚。自以為科技能解決一切的人，如何指望他保護自然呢？一個沉醉在空調營造的溫室中的人如何領會全球變暖的威力？一個天天盯著電腦不看天空一眼的人如何領教空氣污染的嚴重？一個急忙從草坪上踏過的人如何聽見槍下獵物的哭泣？不去欣賞、銘記甚至感謝自然以她的偉大給予我們的一切，如此對家園不負責，憑著科學技術，人又能走到哪兒去？

一年好景君須記，不在橙黃橘綠，卻在朝暮四時，像利奧波德在《沙鄉年鑑》中那樣，看萬物輪迴，聽大雁歸來，銘記自然的給予，為我們，也為了我們的家園。

（高三作文）

應該說，這樣一個富於詩意的題目。該生寫出了針砭時弊的理性思考，這是不易的，而且我們似乎以為「好景」不僅指自然，更應指社會人文，這樣文章才能深刻。看來，所謂深刻和新穎關鍵在於我們每個人對一個哪怕細小問題的專注思考，本文的「好景」就是自然，可貴的是她寫出了我們該如何對待這個「好景」，這不僅關乎自然的生存，更關乎我們自己的生活與未來，這本身就是一幅幅好景，是大自然的恩賜，我們當珍

惜，如若此，生活處處皆美景──本文的價值就在於此。

王素敏

【題目呈現】閱讀下面材料，按要求作文。

杜甫詩云：「會當凌絕頂，一覽眾山小。」

毛澤東也有這樣的詩句：「無限風光在險峰。」

然而在歐洲旅遊勝地阿爾卑斯山的山腳下，一塊指向山頂的指路牌上寫著：「慢慢行走，一路風景。」

杜甫和毛澤東的詩句具有很深的思想內涵，阿爾卑斯山下指路牌上的文字似乎也有某些哲理。

請根據你自己對上述材料的理解，自選角度，自擬題目，寫一篇文章。

要求：（1）除詩歌、劇本外，文體不限；（2）不少於八百字。

【解題簡析】面對這樣的題目，最關鍵的就是「求同存異」。其思路如下：

★分析材料，披沙揀金：

杜甫強調「凌絕頂」，理由是「一覽眾山小」；毛澤東強調「險峰」，理由是「無限風光」。進一步分析發現這二者之間有著內在的因果關係，可以說「凌絕頂」因為「無限風光在」，無限風光可理解為「眾山小」；阿爾卑斯山強調「慢走」，理由是「一路風景」。思考到這一步就可以化難為易，抓住了問題的內在聯繫這一核心，為深入思考指明了方向。

★求同存異，化實為虛：

經過上面的分析不難看出三者相同的是話題「登山」，不同的是對「登山」的態度，一方強調「山頂」，一方強調「一路」，這點清晰之後，將其引申虛化，它們的比喻、象徵意義是「過程與結果」，這樣作文的話題就有了。

★揚長補短，辯證分析：

在對立統一的過程與結果中，側重談一方，同時注意無論誰更重要，都是相對於另一方而言的，寫哪一方當然取決於同學們的見解「有

話可說」或「材料充分」。

　　下面的文章，不難看出作者們的才思，同學們可以從中得到一些啟示和借鑒。

一路欣賞

孫瀟雪

北京八中二○○九屆，現就讀於美國哥倫比亞大學。
挺拔的身材、雋秀瀟脫的文字和飛揚的才情，讓人很難忘掉，
更有永不言敗的自強不息和追求卓越的信念，
讓這個才女無論身在何處總能發出耀眼的光芒。

　　縱使我們仰望高山的巍峨，崇拜頂峰的威嚴，我們也要一步一個腳印，踏過布滿青苔的石階；縱使一路春光明媚或險象環生，我們也不能留連，不能停下攀登的腳步，不能忘記所景仰的高度。人生是讓我們有所追求地去享受每一程的酸甜苦辣，一路欣賞那一生一遇的風景。

　　那聖潔的珠穆朗瑪峰是我們的目標，我們用生命去攀登她的高度。「會當凌絕頂，一覽眾山小」，這君臨天下的氣勢只屬於杜甫，唯有我們自己歷盡艱難讓精神的聖火抵達峰頂，那才是我們自己的高度。「山高人為峰」，理想的樂土，是我們眼中不變的風景。

　　然而誰能一步登天？「騏驥一躍，不能十步」。沒有過程，何談結果。或許過程不盡完美，而就像常常要披荊斬棘穿過黑暗，才能翻越巍峨接近曙光，過程中所收穫的不動搖的信仰已足夠我們一路欣賞。我們欣賞那「史家之絕唱，無韻之離騷」，更欣賞太史公面對刻骨銘心的恥辱而不屈的脊樑；我們欣賞「神七」宇航員漫步太空的瞬間，更欣賞工程師們為之灑青春的日日夜夜。一路走來，我們發現過程中風雨飄搖留下了滋潤心靈的甘露，那每一次對極限的挑戰、對自我的超越，都值得喝彩而終生銘記。

　　人就像古希臘神話裡的西西弗斯，命中注定要推一塊巨石上

山，靠近山頂時又掉下來，然後重新再推，循環往復。或許這便是人生的路，山頂永遠都在，只等待我們義無反顧地走過一次次苦難的輪迴去攀越，滾落山崖亦九死不悔，而一路享受攀登的過程，也是靈魂不斷淨化的過程。

從歌德到居里夫人，從巴爾扎克到周恩來，多少人像西西弗斯一樣勞碌一生，在過程中成就人生。孔子與弟子有過這樣一段對話：子貢倦於學，告仲尼曰：「願有所息。」仲尼曰：「生無所息。」是啊，我們無法選擇地行走在歲月的流逝中，行走在過程中，生命的腳步不因我們是否飽覽了過程中的風景而停留。於是我們一生孜孜不倦，勤心耕耘，收穫每一秒的光陰而不駐足。即使是頂峰也不是終點，而只是一個讓我們俯瞰昔日的路、展望未來的方向的驛站，是下一程的起點，一山更比一山高，這也是過程。一路欣賞，無限風光——在險峰。

險峰背後，是我們不懈攀越的路，一路欣賞的風景已融入我們生命的年輪。

蜀道之難，難於上青天，而能一路欣賞，過程亦如青冥浩蕩般的美好，朝朝暮暮，欣賞那蜀江水碧蜀山青，這邊風景獨好。

（高一作文）

> 本文以大量豐富而具有說服力的材料來例證自己的觀點，從珠穆朗瑪峰、騏驥一躍到宇航員太空漫步、孔子與弟子的「生無所息」，以及如古希臘神話中的西西弗斯等，都在強調「沒有過程，何談結果」。尤其文章結尾處認為「即使是頂峰也不是終點」，因為「一山更比一山高，這也是過程」，這樣就寫出了新意和高度，值得同學們借鑑。
>
> 王素敏

漫步人生路

周旭

北京八中二〇一二屆，現就讀於中國農業大學。
文字於我而言，絕不是應付考試的工具，而是自己成長道路的見證者。
先敬畏文字，再駕馭文字，用它雕琢時光，待到年華老去再來品讀，
才會別有一番風味。生活之美不過嘗世間百味，品甘醇抑或澀苦，
將往事點滴皆著墨，回首笑談中，拂去衣上紅塵土。

人生是一次向著山巔朝拜的孤旅。

山頂，令我們企盼，令我們迷思，令我們百爪撓心。然而山頂的風景，就靜止在那裡，不躲不藏。我們何必為了登頂的那一瞬間，放棄沿途的大好風景？要知道，每一次落英紛飛，每一場瀟瀟暮雨，甚至每一天的日出日落，都是絕無僅有且拒絕重複的，世間僅此一份的傑作，錯過便是錯過。就像那消失在指尖的水滴，落入沙地，蒸騰揮發，當你想反過來尋找時，它們早已隨著逝去的光陰化為虛無，沒了蹤跡。

不如就像阿爾卑斯山下的指路牌上說的——「慢慢行走，一路風景」。將心中激蕩的鬥志和豪情，化成淡淡的期待。踏著鏗鏘有力的步伐，不急不躁，漫步在向山巔朝拜的路上。那朝暉夕陰、四時之景、春雨杏花、老竹新篁，便都是你的。

然而年少輕狂，誰又壓抑得住那顆渴求成功的心，誰又耐得住這人生孤旅上那悠悠的沉寂。少年詩聖登高賦詩：「會當凌絕頂，一覽眾山小。」，呼出多少青年才俊的豪言壯志。成為人中翹楚，獨領風騷，傲視群雄，指點江山，凌駕於眾生之上，是多少人的追求。這種追求是鞭子，讓人一心向著山巔進發，恨不得能像騏驥一樣，一躍十步。顛沛間，失了純真無邪，豆蔻年華，失了多少沿途

的絕版風景。這種追求又何嘗不是束縛，用渴求成功的欲望蒙住雙眼，狠狠捆綁屬於自由的靈魂，忽略了生命旅途中最本真的美好，於是你的生命，只剩歎息。成功何須趁早？

「最快活的人，不僅是最能活動的人，更是懂得領略的人。」朱光潛的一句話，勾起了我無數的思緒。孔夫子坐牛車周遊列國，緩慢前行，領略沿途的風景，思考秋霜冬雪，夏雨春雷。當他登上「頂峰」，桃李滿天下時，已經兩鬢花白。不為山頂而攀登，不為終點而行走，將腳步放慢。於是，人生中的風景與智慧便自然而然地被你收入囊中，提煉成你生命的真諦與哲學。

險峰上的確有無限風光等待著你，然而那無限風光並非雄奇壯麗、氣吞萬里的景致，而是一種歷經磨難，翻越千險之後超越淡然的心境；是來自靈魂深處那種豁然開朗、茅塞頓開的清明。

人生是一次向著山巔朝拜的孤旅，慢慢行走是最虔誠的方式。懷著平和的心態，帶著欣賞的目光，漫步在人生路上，便是對自己生命最大的尊重，更是對生命淋漓盡致的享用。

（高二作文）

這篇文章文筆成熟，詞采斐然不失深刻的思考和見解。開篇一句「人生是一次向著山巔朝拜的孤旅」，頗有氣勢，有一句立骨的效果，同時也統領全文，首尾呼應。為了證明「漫步人生路」，文中材料豐富，從少年詩聖杜甫到朱光潛的名言，層層剖析「人生中的風景與智慧便自然而然地被你收入囊中，提煉成你生命的真諦與哲學」，是一篇文質兼美的「優品作文」。

王素敏

【題目呈現】親愛的同學，我們即將迎來辛卯兔年，這是你成長歷程中的第十七個春節。春節是我國民間最隆重最富有特色的傳統節日；春節與我們歲歲相逢，伴我們終生；春節的文化說不盡道不夠；春節的祥瑞喜慶讓每個人心中暖洋洋的……

要求：（1）以「春節的感悟」為話題，自擬題目，寫一篇文章，重在感悟；（2）除詩歌外，文體不限，全文不少於八百字。

【解題簡析】參考題目如下：

1. 春節的故事提示：打開塵封的記憶，找尋印象深刻的那些人、那些事……

2. 春節的文化

提示：你記得多少有關春節的詩詞、傳說、習俗？可搜集資料，更重要的是整合、思考、感悟。

3. 喜憂參半話春節

提示：也許春節對於現代人來說是苦樂參半的，你能用富有表現力的文字表達出來嗎？

4. 總把新桃換舊符

提示：這是你非常熟悉的詩句，能否再深入思考感悟？春節來臨，人們總是要辭舊迎新，這其中百味陳雜，一個「總」字蘊含著多少豐富的思想和情感，你又是如何感慨的呢？

5. 春節 PK 耶誕節

提示：每個民族都有自己迎接新年的獨特方式，其中既有對逝去歷史的眷戀，更有對未來的美好憧憬和期許，還有文化的交融甚至衝撞。不管哪一種形式，在當今這個文化交融的時代，你怎麼看這東西方最具有代表性的節日？你又更喜歡哪個節日，為什麼？試著思考並理清自己的模糊的想法，形成自己的見解。

站在節點的感悟

李心媛

北京八中二〇一二屆，現就讀於清華大學。
熱愛運動、戲劇。說話京腔濃重，
喜歡有京味兒的東西，比如老舍的小文。

　　每當人們站在大年三十這個節點之時，都會強烈地感受到四個字——辭舊迎新。

　　不管過去的一年有多少愉快或悲傷，成功或挫敗，那已成為過去式。過了年三十，我們將面對全新的一年。

　　這個原本是大自然冬去春來的時間標誌，被中國人注入了豐富的情懷、精神和理想。於是，平時在天涯海角的親人們重聚首，非要魚肉葷腥一頓不可；人們貼春聯，掛燈籠，將家裡裝飾一番。於是，大年三十這一天變得那麼特殊，那麼重要。

　　這是年文化的力量。為了過好春節，人們在衣食住行各方面都有所動作，並樂在其中。不得不提到春運，這個上億的人口遷徙，為了保障農民工平安返鄉，專用售票口、專車包車、送票上門等服務應運而生；返鄉摩托大軍更有警車全線護航，沿線服務點提供醫療、修車服務。無論車有多擠，我想，在這個特定時刻，人們的心裡都是幸福的。除了春節誰又能調動這千軍萬馬，不知疲倦地向家的方向前進呢？我們已經沉醉於自己的文化了，年文化已浸入我們的血液。無論你如何厭惡嘈雜的爆竹聲，它的確已植入我們的心靈。

　　還有一點頗有感觸，那就是中國人的守歲。我們常在電視上看

到西方人聚在大廣場上，倒數著數字迎接新年，然後狂歡。而中國人不同，雖然守歲的習俗已沒有多少人堅持，但在傳統的年文化中，中國人喜歡靜靜地守歲，這樣能體會到生命的珍貴與短暫，學會感恩和珍惜。我們在年文化的滋養下成長，感悟人生。

春節來臨之際，西安鐘樓附近繁華街道上擺上了一隻兩米多高的鳳翔泥塑兔。生肖兔，鳳翔泥塑，千年的鐘樓，這些濃厚悠久的傳統文化與現代街道、快樂的年輕路人相伴，安靜而美好。一座被傳統文化守護的城市是幸運的。

作家馮驥才寫道：「每當春節，就深深地感受到中華文化深刻地潛在我們的血液裡，一年一度地發作。」讀完此句，我很震撼，我們的生命在這個節日中經歷著特別的感受——溫馨而富足的文化氛圍，這些都是年文化給予我們的，我們的祖先創造了如此美妙的傳統，它守護著我們，我們也用它守護著我們心靈的家園和未來。

（高二作文）

這篇文章娓娓道來，在開篇不疾不徐的敘述中一點點地深入。從辭舊迎新說起，到家家戶戶過年的忙碌，於是一句「這是年文化的力量」點睛，然後就說到古往今來的年文化了。於平淡中飽含深情與思考。既有當代的春運，也有西方人的辭舊迎新，更有我們傳統的守歲。最後提到西安鐘樓的春節情景，再以馮驥才的話作結，步步深入地挖掘自己對年文化的思考，「一座被傳統文化守護的城市是幸運的」使文章境界全出。

王素敏

春節 PK 耶誕節

余茜

北京八中二〇一二屆，現就讀於清華大學。
學習從來都是張弛有度，簡潔幹練中透露出不凡的能力和深厚的文化積澱，
舉重若輕，所以才能遊刃有餘，樂觀地看待生活，熱愛思考和讀書。

年夜飯、壓歲錢、放鞭炮……，春節依然是中國人心目中最重要的節日，然而，很多人抱怨「年味越來越淡了」，而西方最盛大的節日耶誕節，近年來在中國的勢頭卻越來越強勁。

有人說，這是一種「文化侵略」，應該抵制洋節。但在我看來，洋節流行正是多元文化相互碰撞與融合的體現，而國人也應用理智健康的心態來看待它。

春節，不僅僅是一個時光流轉的標記，更是一種沉積了幾千年的文化符號和精神氣質，在熱鬧的鞭炮聲中，在闔家團圓的年夜飯中，乃至在人潮擁擠的回鄉潮中得到體現。相比之下，如今大部分年輕人所過的耶誕節，甚至只是商家促銷的手段。又有幾個人能像熟悉春節一樣熟悉耶誕節的習俗和文化內涵？

現在人們將過洋節稱為一種潮流，這也就意味著它必有過時的一天，但若將這股潮流變為更有價值和內涵的文化，取其精華，無疑是對中華文化的進步與傳承是有益的。文化的多元化，並不能只停留在表面裝裝樣子，那是對文化的一種膚淺的誤讀和玷污；也不是不分良莠地統統拿來，以犧牲傳統文化為代價實現與國際接軌。中華文化之所以博大精深，就是因為不斷汲取百家之長，以豐富自身。對待以耶誕節為代表的西方文化，難道不可以同樣如此嗎？

在中國的「聖誕熱」越來越火爆之時，春節也在悄然走向世界，海外的人們同樣在了解中華文化，讓「年味」飄進他們的生活中。成熟的文化是懂得包容的文化，因此，讓我們敞開胸懷，面向世界。

英國十九世紀的歷史學家阿諾·托義比有一句名言：「文明的消亡是由於自殺，而不是他殺。」以洋節為代表的別國文化的進入，並不能使傳統文化消失，正如不同文化的融合併不會妨礙世界文化的多元化。我們真正的著眼點不應是「抵制」，而應是傳承與發展。對於一種文化，「創新」是最好的保護。春節是文化，不是文物，而創新就是它的生命力與張力的來源，不同文化的交融也定會為它注入新的活力。

春節 PK 耶誕節，兩強相爭，難較高下；也許當兩種文化發生碰撞時，「握手言和」、相互學習才是最好的選擇。

（高二作文）

不得不說這是一篇很有思想的作文，文中作者的觀點很有針對性，因而也更具理性和說服力。對於春節，作者是有自己的思考和見解的。「洋節流行正是多元文化相互碰撞與融合的體現，而國人也應用理智健康的心態來看待它」、「更是一種沉積了幾千年的文化符號和精神氣質」、「文化的多元化，並不能只停留在表面裝裝樣子，那是對文化的一種膚淺的誤讀和玷污」、「成熟的文化是懂得包容的文化」、「對於一種文化，創新是最好的保護」等這樣有思考力度的真知灼見文中不乏。更為難能可貴的是作者認為洋節進入中國，春節也正悄然走出國門，「春節 PK 耶誕節，也許當兩種文化發生碰撞時，握手言和、相互學習才是最好的選擇」，對於一個問題、一種現象平

日養成獨立的思考和判斷，對寫作是十分有益的。

王素敏

喜憂參半話春節

倪暢

北京八中二〇一二屆，現就讀於北京大學。

我是個熱愛寫作的理科生，愛用筆讚歎自然，感慨文史；

也愛在紙上記錄自己理性的思考，揮灑心中的激情。曾獲北大校長實名製推薦。

春節對現代人來說是一個喜憂參半的節日。也許是所有事物都有兩面性，社會習俗或風氣上的許多遺憾，甚至缺點會在這個舉國歡慶之時顯露出來，並影響到人們的日常生活。

春節，人們紛紛回家與家人團聚，這本該是件喜事。可是，回家讓人喜憂參半。要想回家，就要先投身於春運大軍中。可年年創人數新高的春運哪是想上就上的，排幾天隊可能都買不到票，買到票也要再擠到無立錐之地的車廂裡熬上幾十個鐘頭。看著電視中春運的畫面，我都替車上隊裡的人難受。春運大軍多由返鄉農民工組成，這上億人背井離鄉，在大城市中打拼，反映出的，更是農村的生存艱難和城鄉之間的巨大差距，這怎讓人不憂？回家的春運，怎能不讓參與人與局外人都憂一回？

對現在的人來說，春節是一個享受生活的節日，可是，在進行物質的改善或享受時總有一些社會現象讓人心生隱憂。

過春節了，生活該改善了，可又有多少人在春節無法改善生活呢？有一支返鄉農民工組成的「摩托大軍」，為了省些錢做孩子的學費或修整已經破舊不堪的房子，要頂風冒雪在山間騎摩托穿行數天。即使是在城市中，面對自己無力負擔的年貨，網友只能慨歎「讓物價飛」。春節，喜的是越來越多的人生活在改善，憂的則是還

有太多的人依然在貧困的邊緣掙扎，也是讓我們思考我們的社會該為此做些什麼？

　　更讓人憂的，則是春節的日益物化與其中透出的許多人的精神貧乏。今日春節幾乎成了「吃」的節日，而「某地擬立法強制子女回家」這種令人哭笑不得的新聞，還有那一年不如一年的春晚，廣告插入越來越多，節目也越發沒滋味，炫目的背後是空洞的娛樂。那年復一年的歌舞昇平足以讓你笑不得、惱不得。有時，真覺得春節裡人情淡了，有些人有些事越發僵化了，那麼普通百姓又有多少人能避免由這種淡薄和僵化而導致的麻木與冷漠？這怎不讓人憂？

　　當然，憂中亦有喜，那就是這些現象正在得到重視。「摩托大軍」今年有警車開道護送了，更多的家庭在春節時團聚了，春晚上也有了農民工歌手的身影。只願這些「喜」能再擴大些。讓春節走入民間，重新屬於每一個家庭。

　　春節，該是一個喜慶的節日，可它現在卻總讓人喜憂參半，因為總有些讓人無奈的現象。只願有那麼一天，我面對這個題目無從下筆，不再有浩蕩的春運大軍與平乏無味、與社會脫節的春晚，那樣的春節，一定是最喜慶的真正的春節。

　　（高二作文）

　　這是一篇筆鋒犀利、敢於表達自己觀點的文章，雖有些言辭偏激，但仍能看出作者由一個節日而引發的喜憂參半的思考，而且行文縝密，每段結束時的反問，串連了文章，使得思路清晰、中心明確而集中。從本文中我們可以明白一個道理：對於一些現象和問題要養成善於觀察和思考，並形成自己判斷力的好習慣，這樣可以讓自己深刻而不人云亦云。

　　　　　　　　　　　　　　　　　　　　　　　　　　王素敏

CHAPTER **07**

作文整體之
品格與詩意

一篇作文就是有生命的「個體」，文如其人，一個有氣質有品格的「優品作文」自然也就充滿詩意，因而更吸引人。所以，好文章是要有品格與詩意的。

一、品格與詩意源自閱讀的積澱

古人說，「腹有詩書氣自華」，的確，當我們有了良好的閱讀習慣和一定的閱讀積澱之後，我們的思想、情懷和視野也自然「氣質」不凡，閱讀不知不覺間改變著我們的氣質，陶冶著我們的性情，改變著我們對人對事的認識和看法，於是「不肯低頭在草莽」。所以，寫好「優品作文」，請從閱讀開始！請看下面的例子：

【示例1】散文〈墓碑後面的字〉是一篇感人至深的文章，閱讀之後，我們思考「母語中有哪些芳香高貴的成分」讓我們感動：

★曾幾何時，我們的祖先在骨頭、竹簡、石碑上留下記號，逐漸演變成我們今日的漢字。漢字誕生的時代和背景的久遠並不能掩蓋它的芳香高貴。古人說，見字如見人。或是張旭矯如飛龍的狂草，或是王羲之收放自如的行書，皆是寫字之人心境與藝境的體現。漢字就像一面鏡子，能映出文字的表裡。從這一點上說，漢字不就比許多文字略高一籌嗎？漢字有音韻美，早已是眾人皆知的事。而除了音韻美，漢字更有形象美。像「玫瑰」「鳶尾」光看名字，就已經好像見到了芬芳欲滴的花骨朵。字比花嬌，還需花作甚！中國文字流傳到國外，很大程度靠成語和唐詩。殊不知，中國先民們早已將詩意滲入漢字的一筆一畫、字字句句中。

★我認為，漢字「芳香高貴的成分」在於它的生命力與文化底蘊。漢字是象形文字，是這世界上最複雜的語言，老外聽不懂中國人聊天──中國人自己有時也聽不懂，但這都不是重點，漢字有一種範兒，

一種無法形容的氣場。

從它的形上就能看出來，比如，「武」字一筆金鉤畫下，自然就帶出了一種張力與霸氣，僅僅通過構型就能大致感覺出一個詞的意思。

外語有陰性陽性詞之分，中文沒有，但中文哪一個詞沒有自己的「屬性」？

那不是簡單的陰陽，而是比如「天地洪荒」，這樣一個詞出來立刻有一種上古異世的奇幻古樸厚重的感覺，每一個字每一個詞後面都像有一個意象在跳動。比如白衣飄飄的俠客，比如混沌初開之際的一團火，比如壁畫上的一排小人，比如青銅器在夜色中沉重的聲響……不，漢字又不是意象，而是一種意境，或明媚或悲愴，或瑰麗或蒼涼。

漢字是有生命的。

因為有生命才會有那些美到讓人心驚的句子，西風殘照，漢家陵闕，細雨濕流光，芳草綿綿與恨長……不勝枚舉。

千年前，傳說中倉頡皺著眉，造字的時候一定是像鑄劍後以身殉劍一般，以魂殉了字。

所以，漢字活了幾千年，就芳香高貴了幾千年。

★一個屹立不倒的民族一定有其獨特的文字。母語是民族文化的載體，是民族生存發展之根。而漢字必是這其中最為「芳香高貴」的了。那遒勁有力的書法，那琅琅上口的音律，那扣人心弦的意境，如陳年佳釀，千百年來，越釀越香。這沁人心脾的芳香浸入每一個中國人的血液中，從古到今，傳遞著一個民族的尊嚴、希望、優雅、厚重。漢字因飽含人間真情而高貴且有力。「兩情若是久長時，又豈在朝朝暮暮」，因飽含著對愛情的堅貞而高貴；「尋尋覓覓，冷冷清清，淒淒慘慘戚戚」，因飽含著無限愁緒而高貴；「大江東去，浪淘盡，千古風流人物」，因飽含一腔豪情壯志而高貴。這高貴成分就是漢字獨特的魅力，是其它任何一種語言都無法複製和取代的。我們每天都在說著、讀著、寫著「芳香高

貴」的漢字，更應懂得如何尊重它，讓它成為我們表達真實情感的文化載體，而非拿來濫用，當作達成目的的手段。

上面這些文字讀來字字珠璣，很有內蘊，這是閱讀的效果，更是閱讀之後深思感悟的收穫，再看：

【示例2】錢鍾書的散文〈窗〉也是頗有內涵的一篇，讀後，我們可以以「我喜歡〈窗〉的⋯⋯⋯⋯」為題，寫一點感悟和思考：

★我喜歡窗的靈性

窗是房屋的眼睛，眼睛是靈魂的窗。靈性則藏在眼睛的深處，正如欣賞巴洛克式建築時，我們總能在它複雜的線條中感覺到一種深邃明亮的美，這種美就藏在建築的窗中。不僅如此，我們透過窗去看外面的世界時，也會比在外面看有更多的感受。窗內的暗可以襯托窗外的光亮，窗內的靜可以襯托窗外的聲音，窗給窗外的世界鍍上了一層靈動的光澤，這讓我們樂於站在窗前，此時我們腦海中的圖景也給窗帶來了更寬廣的邊界。

窗的靈性不只在它自身與它帶給我們的感受，更重要的是，它是我們精神上與外界交流最普遍的平臺。伏案工作期間，抬眼望窗外，心裡會立即變得更澄澈，此時不只是自己在看窗外，同時窗外的一切也在看我們自己，這就讓自己與窗外同步了。心情愉快時，窗外的陽光也更燦爛，此時窗的邊界可以無限大。心情哀傷時，窗外的清風也便將一切凝結在胸口，此時窗就是那剪不斷的苦澀的情結。如此看來，窗不僅是鑲框裡了，它的邊界隨我們的心境一同變化。

其實萬物都有它們的靈性在，平靜的湖面是大地的眼睛，日月星辰是天空的眼睛，我們生活在這個充滿靈性的大自然中。進而想想進化程度如此之高卻日漸忽略窗外景色的我們，再想想我們奔跑在原野中的祖先，究竟誰更有靈性呢？窗，讓我無限遐思。

★我喜歡窗的自由開闊

《歸去來兮辭》說道：「倚南窗以寄傲，審容膝之易安。」不等於說，只要有窗就可以憑眺，就是小屋子也住得嗎？他又說：「夏日虛閒，高臥北窗之下；清風颯至，自謂羲皇上人。」意思是只要窗子透風，小屋子可以稱極樂世界；他雖然是柴桑人，就近有廬山，也用不著上去避暑。所以，門許我們追求，表示欲望；窗子許我們佔領，表示享受。

這段話引用了陶淵明的兩句話，說明了外物條件不論好壞，只要心態夠好，就可以在腐朽的物質世界中找到神奇的精神世界。錢鍾書把窗比作人心，把生活態度和生活品質的關係詮釋得很透徹。

對人生來說，境遇也許與環境、時代背景這類的外界因素有關，但並不是全部。環境就是社會，再苦再難也會有棲身之所，會有屬於自己的「小屋子」，而心就是那扇窗。你可以選擇打開窗，融入自然與陽光；你也可以關上窗，與外界隔絕，只遠遠看著一切景色。一切就看你如何選擇。打開窗，在冰天雪地中尋找芬芳的臘梅，在炎炎夏日中尋覓涼爽的清風。在不如意的境遇中尋找自己的快樂，樂觀地等待，尋找人生的春暖花開，創造自己的極樂世界。

★我喜歡窗「看問題」的方式

有了門，我們可以出去；有了窗，我們可以不必出去。門是住屋者的需要，窗多少是一種奢侈。關窗的作用等於閉眼。天地間有許多景象是要閉了眼才看得見的，譬如夢。假使窗外的人聲物態太嘈雜了，關了窗好讓靈魂自由地去探勝，安靜地默想。有時，關窗和閉眼也有連帶關係，你覺得窗外的世界不過爾爾。

我喜歡〈窗〉中錢老看待人生的方式。「窗」是人們足不出戶欣賞景致的眼睛，而「門」是人們全方位感受景致的方式。同樣的景色用不同的方式觀察，則有很大的差異。我想，錢老想告訴我們的是在合適的時期，從合適的角度看問題。在面對新鮮事物時，先用「窗」觀察，得到一種美化後的效果。在需要深入剖析時，再用「門」去觀察，融入其

中，不加修飾的還原它本來的面貌。

總而言之，「窗」是獲取信息的快捷途徑，而「門」則是讓人實踐創新的方式。錢老學貫中西，我想這篇文章也是希望我們打開自己的窗子，看看外面的世界，但又不能只停留在看，更應該真實的感受、體驗。這樣，才能去其糟粕，取其精華。

上述片段不難看出，小小的一扇窗，卻打開了一個大大的世界，所以善於閱讀，善於思考，定有所獲。

二、品格與詩意源自善感的心靈

思想和思維非常可貴的一點是不斷思考，進而不斷完善和發展，要讓自己的心靈和頭腦始終保持「醒」著的狀態，於是，才有人間世相、筆底波瀾的酣暢。

人間至美的情懷和睿智是對思考者最大的褒獎，只有善於思考、發現和感懷，才能成為有品格、有詩意的文章的駕馭者，同時也能成為一個文質彬彬有修養的「君子」，砥礪作文、砥礪做人，道理是相通的。

【示例3】學過辛棄疾的詩，寫下這樣的感受：

辛棄疾，我想對你說。

時空錯雜，愛恨交織。吳鉤雖消沉，才氣今朝盛。是你，柔腸百轉，在上元燈節邂逅美麗。是你，壯聲英概，二十年金戈鐵馬，勇冠三軍。每當讀起你的辛詞，思緒便奔騰開去，彷彿回到過去，回到你的身邊。辛棄疾，有些話兒，我想對你說。

我眼中的你，是上元燈節上的那美男子。你與她，在人群中走散，苦尋不得。終於，在燈火闌珊處，你尋見她的芳影，觸碰她的微笑。那一刻，我是多麼替你高興啊！可是愛情，只是華麗轉身背後的一個蒼涼的手勢。稼軒，我想對你說：「愛情，拴不住你不羈的英雄之心。江南

的兒女情長，又怎比得上北方的征戰廝殺。那裡——戰場，才是屬於你的地方。愛國的你沒有讓我、讓百姓失望。」

戰場之上，你策馬揚鞭，左右衝殺，身後的太陽是你澎湃的心；身前的死敵是你胸中浴盆的憤怒之火。看著你氣吞萬里如虎，我多想對你說：「你的滿腔熱血，在金甲的碰撞中升溫；你的愛國之心，在刀光劍影中昇華。」你夜襲敵營，擒叛徒而去，那一夜，我全部看到了。我不禁讚歎你的英勇，頌揚你的無畏，那一夜我的喃喃低語你可曾聽到？

辛棄疾，當我看到你蒙受讒劾，賦閒憂憤，我多想對你說：「寒與熱，總隨人，甘國老。南宋傾頹，非你一人可以挽回。輾轉天涯，你也只能以酒為伴，與寂寞為友。悲到極點，也只能揮毫信筆，寫詞自嘲，放歌自解。一世英雄的你竟如此苦痛。醉，你不過李白，酒讓他飄飄欲仙，卻讓你心愈發壓抑、沉重；愁，你不過杜甫，愁遍天下，唐朝卻終於重回統一；你的愁愁遍中原，宋朝卻歸於覆滅，你的豪情不過蘇軾，他胸襟闊大，可再大的胸襟，也不能讓你裝下天下興亡。所以，你看不見大江東去，卻只看到憂愁風雨。」

稼軒，我想對你說：你並未失敗。千古風流人物文武全才如你，又有幾個？你，是真正完整的人。飽嘗喜怒成敗，拿劍的手離開沙場，愛過的心卻不離中原。身體與意志的矛盾與分離，雖然讓你痛苦，但也讓你成熟，成就了你的文章千古事，愛國萬年心。燈節的愛情之火，沙場的血雨腥風，官場的爾虞我詐，山水的嫵媚奇秀融成了你，辛棄疾——融成了你的精魂。

那天，你去世了，帶著永遠不曾實現的願望淒然而去。我流淚了，一顆晶瑩的淚珠，映出現實的影子。隔著時間和距離，我對你高呼：「今天的我，絕不會向困難低頭，絕不會背棄國家！」

辛棄疾，我的千言萬語，你可曾聽到？

我想對你說：「你的血，融入了炎黃子孫的血液，生生不息。」

我想對你說：「你的情，幻化成天邊的一抹藍，永不褪色。」

我想對你說：「你為奪回中原，在敵人的防線打出一個缺口，中華兒女的頑強和愛國情，便從這裡噴湧而出，擊碎一切黑暗⋯⋯」

辛棄疾，我想都對你說⋯⋯

從他「是上元燈節上的那美男子」說起，柔腸百轉，無情未必真豪傑，再到馳騁沙場、「蒙受讒劾」，讓我們看到一個真實而全面的辛棄疾，這當中有作者自己的獨到感悟和思考，同時又飽含著作者自己即將噴湧的激情和一腔正義的敬仰。作者寫此文的過程，既是對辛棄疾的詩詞做一次整理和回顧，也是一次自我靈魂淨化和昇華的過程。一首首詩詞、一個個人物、一場場悲歡離合，娓娓道來，好像訴說又好像感同身受，讓讀者不覺間也徜徉其間而流連忘返。這是古典詩詞的魅力，也是同學們的文筆和構思。能安下浮躁的心，靜靜地品讀古典詩詞中的美麗哀愁和依舊鮮活著的生命，然後將之付諸筆端，既是一次次審美之旅，也是一次次靈魂的昇華，這樣久了，一顆純淨透徹的詩心便自然產生，邂逅詩詞，美麗人生從此開始，於是世間一切都充滿著詩情畫意，寫作自不待言。

三、品格和詩意源自豐厚的底蘊

人們常說作文如做人。的確，一顰一笑，一舉手一投足，無不彰顯著我們的文明素養；同樣，我們文中的點點滴滴都顯示著我們才學的水準。所以，增加自己的文化底蘊，從根本上提升作文的品質和詩意。

【示例 4】我們熟悉的《滕王閣序》，其中典故頗豐，文化內蘊深厚，不妨嘗試就其中的「典故」寫點感悟：

★中國歷史上總該有那樣一個時代，文人們自由釋懷，隨性灑脫，文化不再受到種種束縛，人性的本真不再隱埋。就像魏晉時的那片竹

林，微風拂過，清新的竹葉隨之擺動，醇香的美酒飄散出那醞釀多時的人性氣息。

　　阮籍猖狂也好，嵇康放誕也罷，竹林七賢的種種不合世俗禮教的行為背後都是真性情的流露，他們不會掩飾，沒有刻意的追求，一切只是隨心所欲，放任自流。也許他們自己都不知道下一秒是悲是喜，他們總是活在現在的這一秒，大哭或大笑，飲酒賦詩，酣暢淋漓。竹林是他們精神的自由廣場，在那裡清風徐來，隨之而來的是那恣意的才情，一支筆，一張紙，或是連紙筆都沒有，只有心中無限感慨，凝固在林間便成了一首詩。

　　就像史湘雲喝醉了酒乾脆躺在石頭上睡著了，豪放的文人們更不會顧及自己的一言一行，醉了就臥在林間，悲傷便嚎啕大哭。這不是消沉，是擺脫了世俗的束縛後的暢達，是我行我素的性格，是文人天性中的一個元素。阮籍倡狂，卻沒有窮途之哭，因為竹林間有一條永遠沒有盡頭的路，通向最崇高的自由。

　　★「千金易得，知音難求」，伯牙奏琴，志在高山，子期見山，志在流水，子期聞水，如此這般的理解與默契使俞伯牙不顧身份地位與鍾子期成為知音好友，並在子期過世後邊痛苦道「摔碎瑤琴鳳尾寒，子期不在對誰彈」，邊摔琴以謝之。

　　古語有云：「恩德相結者，謂之知己；腹心相照者，謂之知心；聲氣相求者，謂之知音。總來叫作相知。」朋友交，貴在相知。真正的友誼是一種理解，一種責任，一種承諾，一種堅守，一種奉獻，是兩顆純潔赤誠的心交互融合，兩個坦誠淨潔的靈魂合而為一的過程。做生意，管仲曾少出多得，鮑叔牙不以其為貪，知其家貧；作戰，管仲曾逃避不上戰場，鮑叔牙不以其為怯，知其有老母也。管鮑之交為眾人所仰慕，實則能否覓得知音的基礎，不在別人卻在自己。「眼前天下無一個不好人」，他人不見得推心置腹待你好；但你眼中若不曾見一個好人，從未

敞開胸懷以誠相待，便必難求他人對你推心置腹。我認為，這才是「千金易得，知音難求」的根源之所在。

★阮籍的哭，有一種直率，有一種嚮往，有一種無奈，有一種反抗。

驚聞母親驟逝，他放聲大哭，吐血數升。這哭聲來得洶湧，絲毫不加掩飾。「率意獨駕」，「車跡所窮」，他放聲慟哭。那一次次閒適而孤寂的旅途似乎折射著他逆水而行的人生，當縹緲高潔的理想在現實中遭遇斷崖，哭是一聲聲淒厲的控訴。

在那個被封建禮教束縛了外殼的時代，人們用繁冗的儀式代替著自己的感情，人們戴上或哭或笑的面具，迎合著尊貴的禮教。而他只想追求「表裡俱澄澈」的真我。當痛哭變為一種儀式，當偽裝受到褒揚而真實備受非議，在現實裡，也許他的心早就死了。他無力撕碎人們的面具，只能用自己的身軀守護那個真我的理想。像莊子，對現實越是不滿，他的行為越荒誕，荒誕卻真實。他不開口雄擊，唯以自身的存在諷刺與反抗那個社會扭曲了的價值觀。這一種反抗，天真而超凡脫俗，無奈而淋漓盡致。亦如他在素昧平生的軍家女兒的葬禮上驚天動地的哭嚎。當一塊美玉隕落，他真的悲傷。

「品格與詩意」是我們對作文的終極追求，無論內容還是形式都可以從上面的角度或更多更個性化的方面來提升，不拘一格，讓我們的一篇篇作文成為一個個有生命的鮮活的存在，成為我們生命成長的記錄，讓精彩持續。

【題目呈現】以「雅與俗」為題寫一篇不少於八百字的文章，內容自定，角度自選。

　　【解題簡析】「雅與俗」是一個關聯式題目，可寫的角度和內容很多，審題構思時要考慮：

　　★「雅」與「俗」分別指什麼：概念的內涵和外延須明確；

　　★明確一個道理：大雅即大俗。當「俗」發展到極致而成為一種獨特的藝術時，就走向了「大雅」；反之亦然。這是關聯式題目要注意的一點。

　　下面這些文章，採用眉批或批註的方式，點滴之間可圈可點。

雅俗需共賞

北京八中二〇一二屆，現就讀於中國農業大學。
文字於我而言，絕不是應付考試的工具，而是自己成長道路的見證者。
先敬畏文字，再駕馭文字，用它雕琢時光，待到年華老去再來品讀，
才會別有一番風味。生活之美不過嘗世間百味，品甘醇抑或澀苦，
將往事點滴皆著墨，回首笑談中，拂去衣上紅塵土。

陽春白雪，下里巴人。好像雅與俗有著雲泥之分，不可相提並論。其實雅與俗沒有絕對的界限，也並非水火不容的對立。正因為雅與俗的共存，世界才有多元文化共同發展的局面。

古往今來，雅的對立面往往被說成俗。<u>其實雅與俗從本質上說都是審美情趣，都各是一種品位，一種追求。</u>【定位認識非常準確，切中肯綮，說出了本質即「審美情趣」，犀利。】「雅」本產生於「俗」，來源於「俗」，但並非高於「俗」。「雅」與「俗」的根本區別在於使用者不同，欣賞者不同。雅，基於強大的文化積澱和高尚的道德修養。而俗則基於廣泛的群眾背景和日常生活。因此，雅和俗絕非對立，更無好壞之分。

所謂「詩三百，一言以蔽之，曰思無邪。」，可見儒家認定雅之對立面為「邪」。因而令人向善的學說是雅學，正道之音是雅樂，謙和正派之士為雅士，所以「雅」應是一種純粹潔淨、正氣凜然的境界。而「俗」則更帶幾分淳樸和樸素，保留了未經雕琢的民間藝術。【上面的分析，非常準確地追本溯源，道出的雅的本質和內涵，是思想和文化積澱的自然流露。】因此，雅和俗是同一陣營中的，都是為了引導人們向善的藝術。

雅與俗的區別，隨時代潮流而變。【發展聯繫地看問題，很理

性。】當人們都去追捧某種「雅趣」，那麼這種「雅」便成了「俗」。「雅」的存在，是為了引領時代，成為正確的導向。而「俗」的存在，是為了普及「雅」中的精華，同時為「雅」的進一步發展提供原動力。因此，一個向前發展的時代，必定是一個雅俗共存的時代。【此句擲地有聲，是對前文的一次昇華，是獨到深刻的思考。】

時代需要雅俗共存，而我們個人更要學會雅俗共賞。「雅」的境界並非一種高度凝練概括的境界，「雅」不是高山流水的曲高和寡，而應是一種返璞歸真。如果說「俗」是因生活中有藝術而存在，那麼「雅」便是為了藝術的生活而存在。大雅似拙，絕非故弄玄虛。為了追求雅而刻意作出的表現只會玷污雅的清純之氣，即所謂「邪」。追求雅的過程便是提升人格的過程，是對人心的淨化與淘洗。【此句再次擲地有聲，有振聾發聵之妙，引人深思，層層深入，文章達到高潮。】

存在於俗世中的人們怎麼可能真正「免俗」？我們應該學會在「俗」中生活，同時追求「雅」的品位。過於流俗，便失去了幾分清麗。過於求雅，又難以與俗世相融。所以雅俗需共存，雅俗需共賞。

（高二作文）

此文不同於以往，沒有以斐然的文采和雋永的語言取勝，卻處處可見思想文化積澱的功力，非一日之功。讀來字字珠璣，是一種陶醉和享受。

王素敏

雅與俗

劉卉寧

北京八中二○一二屆，現就讀於中央財經大學。
熱愛生活，熱愛自由。堅信自然是智慧之源，安靜給人力量。
離開生活了六年的八中，進入大學，
才發現自己對於母校是有多麼的熱愛和依戀……

面對同樣的景致，傲雪寒梅。高雅者輕吟「疏影橫斜水清淺，暗香浮動月黃昏」，若一縷清雅的馨香，縈繞千古；鄙俗者高聲道「認桃無綠葉，辨杏有青枝」，似村學至陋之語，遺後世笑。【開篇充滿了詩情畫意，富有雅氣，展示了才情，好。】

由此觀之，雅致與粗俗並非外部環境固有的、固定的特質，而是人心靈品質高低優劣的體現。【觀點突出。】

正如，東坡居士說佛印和尚像屎，後者卻說前者像佛，反而恰恰說明了東坡的粗俗鄙陋與佛印的仁厚高雅。可見，心靈的俗與雅決定了你眼中的世界是混沌污濁抑或澄澈清明。【蘇東坡的例子及後面的點睛恰到好處，提出了自己的觀點，同時說明事例的本質內涵和用義，值得學習。】

所以，任何一個事物的俗與雅本沒有什麼定數和定論，因為物非人，不具有生命，本就沒有「俗」與「雅」之說，便不存在俗雅之辨。它們的性質都是其背後一個個大人物或者小角色賦予的。

煙花巷陌，世人眼中輕浮、浪蕩的大俗之地，卻因剛烈正直的李香君血濺桃花扇，籠罩上了一層令人唏噓、使人心生敬畏的、有別於腐朽當局的大雅之色。俗景因名妓香君而充滿雅情。

歌館妓樓，豔俗的脂粉卻消沉不了柳永的詞的才華。「今宵酒

醒何處，楊柳岸，曉風殘月」、「是處紅衰翠減，苒苒物華休，惟有長江水，無語東流」精麗雅致的詞句，伴隨伶人哀婉的歌聲，化作對命運最無奈的喟歎，在歷史的書頁之中記下風雅的一筆，也將詞從宮詞中解放出來，成為反映民俗的典雅手段。俗物因白衣卿相而富有雅致。【以上兩段句式整齊，語言優美，處處切題，文采斐然，事例非常有說服力，分析也到位。】

　　陋俗鄉野，湮沒不了陶淵明清雅的光輝，偏遠的鄉村，經過他充滿雅興的詩心過濾，在筆下流淌成為「採菊東籬下，悠然見南山」的閒適之地，再清貧的生活，在他富有雅致的眼中也變為了神仙般的日子。粗俗鄉村因五柳先生而清新雅麗得令人心生嚮往。【文章的亮點就是以上三段，仔細琢磨材料、語言和觀點的內在聯繫。】

　　粗俗之物因為人心境的豐富高貴而變得典雅，反過來，變得雅致的「風景」也會使這些人的生命愈加生動美麗，熠熠生輝。

　　事物自身，本無所謂「俗」，無所謂「雅」，它的「氣質」是其背後之人豐富高貴或者貧瘠低微的心靈品質所賦予的。

　　從現在起，做一個精神貴族，創造一個典雅澄澈的清明世界。

（高二作文）

　　文章處處妙語生花，材料豐富，分析充分，有文化內涵，值得欣賞。

王素敏

雅與俗

夏江月

北京八中二〇一二屆，現就讀於清華大學。
品味文化的魅力，感悟自然的真諦，捕捉美好的點滴，
享受拼搏的快意。擁有一顆詩心，生命定芳香四溢。

唱一曲陽春白雪，高雅的旋律蕩滌著心靈，寵辱皆忘；哼一首下里巴人，通俗的曲風陶醉著性情，怡然自得。

陽春白雪固然高雅，卻難覓知音；下里巴人雖然通俗，卻難留蹤跡。雅與俗的融合才是藝術的真風骨。【點睛，精當，準確。】藝術若想經久不衰，必先從俗中煉雅，再從雅入俗。【全文中心論點，後文緊緊圍繞之，值得大家好好學習。】

高雅的藝術煉就於通俗平凡的生活，因而不失鮮活的氣息。高山流水，入了樂師的耳，便成了優美的樂曲；雪壓枝頭，入了詩人的眼，便開了千樹萬樹的梨花；金戈鐵馬，入了將士的情，便成了挑燈看劍的夢；一壺濁酒，入了遊子的愁腸，便化作兩行相思的淚。【此段沒有一句不用典，又句句是自己所言，這樣的語言功力和技巧是非常紮實和有效的。】

藝術源於生活，卻又高於生活。雅煉於俗，卻又毫無俗氣。耳得之而為聲，目遇之而成色，再渺小的景也因情的充溢而深邃廣遠，再平凡的事也因心靈的感受沾染色彩。沒有了通俗的景與事，又怎會有高雅的詩與文？沒有那一耳一眼、一情一腸，又怎會使雅出於俗而勝於俗？藝術必先從俗中煉雅，形成芳香高貴的風骨，方可在歷史的長河中熠熠生輝。

高雅的藝術宛若一顆圓潤的珍珠，散發著淡雅而柔美的光芒。但若沒有平凡雙手的打磨，再華美的珍珠也會黯淡無光。真正的藝術並不是用來束之高閣的，而是讓萬千平凡的人產生共鳴，延續芳香高貴的成分。雅從俗中來，也應歸於俗。

　　經典之所以成為經典，不僅僅因為它高雅，更因為它回歸本原，深入大眾。「凡有井水處都唱柳詞」，市井深處的藝術綿延至今；登上心靈的原野，呼吸偉人的氣息，不朽的精神傳遞不息。柳永回歸民間，讓藝術的芳香永遠鮮活；羅曼・羅蘭號召大眾，讓藝術的高貴成為精神的動力。當高雅的藝術被束之高閣時，藝術也就失去了它存在的價值。由雅還俗，藝術才會生生不息。

　　陽春白雪縈繞耳旁，下里巴人不絕如縷。沒有雅與俗的融合，它們只能在歷史的長河中漸漸消逝，令人扼腕歎息。

　　俗中煉雅，雅歸於俗，藝術的珍珠因時光的打磨越發柔美，散發永恆的光芒。

　　（高二作文）

「雅與俗的融合才是藝術的真風骨」，這樣的觀點，基於作者對雅與俗關係的深入思考。全文處處生花妙筆，讓人賞心悅目，又很有思想，是一篇難得的佳作。

王素敏

雅與俗

倪暢

北京八中二〇一二屆，現就讀於北京大學。
我是個熱愛寫作的理科生，愛用筆讚歎自然，感慨文史；
也愛在紙上記錄自己理性的思考，揮灑心中的激情。曾獲北大校長實名製推薦。

生活中，我們總喜歡說某物「高雅」或「低俗」，將雅與俗對立起來。但我以為，事實不該如此。雅與俗本來不該對立，而是相互依存，缺一不可的。

沒有俗的支撐，雅便沒有了市場也沒有了來源，再精緻，再華美，也終將在無人問津中枯萎。駢文這風雅士子們的專屬，縱然有雅到了極致的、精美的無與倫比的句子，有瑰麗的落霞孤鶩，壯闊的秋水長天，卻終因一味求雅脫離了社會中的俗，題材日益空泛，市場日漸萎縮，終於被拋到了主流之外。如此看來，缺少通俗的所謂雅終難成氣候，雅離不開俗。

沒有俗的支撐，雅便如離開了泥土的鮮花，注定枯萎。那麼，沒有雅來充實自身內涵的俗呢？只怕與如今被全國痛 的春晚小品並無二致，成為低俗與庸俗。有雅作為內涵的通俗，才能進入藝術的殿堂。

試想，沒有文字背後跳動的情感，那關關雎鳩、蒹葭蒼蒼也只能留在古時的通俗歌曲之中吧？沒有文字背後的壯懷激烈或是淒淒慘慘，宋詞怕是只能留在俗人聚居的瓦肆中吧？沒有詩句後面飽含著的對自然與美的禮贊，湖畔派詩人們那些由最普通的意象構成的詩句又算什麼呢？俗只能是一種形式而非內容。內容需要的是充實

與高雅，才能從生活中抽象出高於生活的本質，<u>讓原本平俗的事物</u><u>成為美與藝術</u>。【此段設問，反面分析，句式整齊，語言優美，很「雅」，群體事例恰當，觀點明確。】

雅與俗不僅不可分割，還是相互轉化的。他們中的任一方在達到一定程度時就會成為對方。俗到了極致，便會紮根到社會最底層，從那裡提煉出最本原的事物，在事態變遷之中把握住那些不變的事物，像白居易的詩句那樣在通俗中直切本質，透出高雅的思想與智慧。雅到了一定程度，往往也脫不了俗，把高雅的形式一併毀掉，變成一場開學典禮上五個人「金秋送爽，桂子飄香，莘莘學子，歡聚一堂」的鬧劇。真正的化雅為俗，是像老舍那樣把豐富的思想全融入一個俗人聚居的京城，在平凡中溫習偉大。雖說形式各異，這二者的互相轉化終究無可爭議。大俗可為大雅，大雅也可為大俗。

雅與俗雖是一組反義詞，他們卻彼此不可分割，每一方都是對方的另一面。

我們總愛說雅俗共賞，我想把它改一下，改成雅與俗雖各有千秋，卻值得我們用同樣的尊重去欣賞。

（高二作文）

這是一篇很理性、很有見解的文章。的確，「有雅作為內涵的通俗，才能進入藝術的殿堂」，作者更關注的不是雅與俗的本身而是它們內在的東西，是它們存在的意義和內容，從這個標準出發，很有現實針對性。

王素敏

雅與俗

李鳴岳

北京八中二〇一二屆，現就讀於臺灣輔仁大學。
我熱愛傳統文化，古老的唐詩宋詞中細膩而又充盈的美好情感滋潤著我的心靈，
讓我用一個全新的視角審視生命中的飛花落葉，願詩意地棲居。

　　我本以為，極致的雅便是那燙金的宣紙上蒼勁的毛筆字，精心裝裱，還能在那字中嗅出縷縷墨香。

　　我本以為，極致的俗便是那滿是油污的小餐館，三教九流衣衫不整地坐在飯桌前吵吵嚷嚷。

　　但昨天我走進了那樣一家餐館，卻發現餐館的牆上竟也掛著兩幅毛筆字，從那早已沾滿油污的宣紙上還不難看出那頗具風骨的八個大字「厚德載物」、「天道酬勤」。我不禁啞然。這字自是好字，意更是雅意，但貼在這裡，卻有些弄巧成拙，倒不如掛上一幅「日進斗金」這樣世俗的標語更符合情境。【以生活現象入題，不易寫好，但此文例外，恰當引出後文，融為一體。】

　　其實，如此附庸風雅的豈止這餐館一家？那包裝精美、價格高昂的精裝古籍被多少人買來隻為標榜自己的博學，卻連一頁都沒有翻看過？反而是那些真正學識淵博的大師，在那些簡樸的平裝書上寫下充滿真知灼見的旁批。

　　是真名士自風流。真正的風雅之士絕不會用物質的華美裝點自己，他們的高雅源於胸有乾坤的曠達，源於腹有詩書的從容，源於無私無畏的坦蕩。一味在物質上追求風雅的反倒是庸俗淺薄之人，他們顯露的是源於自卑的媚俗。

珍貴的茶具在「檻外人」的眼中只是喝茶的器具，卻讓世俗的檻內之人不禁暗羨。藍白兩色的扎染土布本是極平常之物，穿在靈巧秀美的採茶女身上卻別有一番韻味。巧奪天工的價值連城的寶物被石崇用來彰顯自己的財富，豈不是天下之大俗？其實無論何事何物，絕不會因價值上的貴賤而有雅俗之分，只因所繫之人心靈的高貴而超凡脫俗。陶淵明方田十餘畝、草屋八九間的生活因他「不為五斗米折腰」的氣節而帶有璞玉般真實的風雅，那天然的南山在他的眼中也就有了淡然悠遠的意境。劉禹錫的陋室、杜甫的草堂成為天下公認的極風雅之處，陋室不陋，因彼德馨。心靈的高雅讓人在塵世中超凡脫俗。【一些概括事例，語言形式和內容都很恰當。】

　　以我之心觀物，物呈我心之象。有這樣一則故事，二人對坐，蘇東坡說看佛印是狗屎一堆，佛印坦然應道看蘇君是佛一尊。蘇小妹恥笑哥哥敗於佛印而不自知。用高貴的心靈看世界，眼中充滿愛與美好，庸俗的心靈看到的只能是蠅營狗苟的功利世俗。純良之人，可能物質生活上並不充裕，但心靈的安寧和精神的愉悅所帶來的幸福感，絕勝於心地卑劣的庸俗小人。

　　讓我們倣仿許由洗耳，用真、善、美洗滌自己的心靈。讓生命之花在愛與美好中綻放，芳香四溢，灼灼其華。

（高二作文）

　　本文的思考在於如何判斷事物的雅與俗，關鍵在於我們的審美出發點，而並非一味地附庸風雅，所以作者說「以我之心觀物，物呈我心之象」，以「真、善、美洗滌自己的心靈」去審視雅與俗，那麼就都會呈現出不同的美來。

王素敏

雅與俗

胡博

北京八中二〇一二屆，現就讀於北京工業大學。

死生契闊，與子成說，是我對文字的喜愛。

切磋琢磨，高山景行，是我對文學的態度，更是我對生活的態度。

珍惜愛自己的人，做最美好的自己。

俗，是人們對事物普遍的認識與做法，比如民風民俗。

雅，是人們對事物獨到的見解與創新，比如詩歌雅樂。

俗源於生活，而雅高於生活。雅是對俗的珍視，雅是對俗的領悟，雅更是對俗的創新。在生活中總有些瑣碎的小事，如若能夠珍惜這點滴的寶貴人生經歷，對於人生有所思考，進而活出自己的一番新模樣，那麼便是在俗中發現了雅，完成了俗到雅的飛越。【雅與俗的認識和思辨很到位，很有自己獨到的見解，如「創新」等。】李白、柳永的詩情，都是源於自己的高雅之心，久試不第，官場失意，從這點上說，他們是布衣百姓，卻被看作是高雅之士，而為後世銘記。於是，愛與美在他們的心中滋長，流淌出典雅的詩詞歌賦。【事例用得巧妙，自然。】

雅貴在新生，但並非新奇之事物必登大雅之堂。【觀點突出，非常好。】真正的雅興，是要對自然與生活有所體味，真正的雅樂，是要借之表達自己的感情抑揚。雅，源於高貴的心，寄托著高尚的情懷。因此，要想讓雅免流於俗，便要學會豐富自己的愛，凝聚自己的美，讓雅的內涵飽滿起來，使它活在時間的深度裡，超越了生活而達於永恆，也就超越於世俗之上，雅難於持久。

俗得深刻便是雅，因此俗對於雅，絕非可有可無，它是世間一

切創造愛與美的無限路途的起點。【同上】與俗相比，雅顯得縹緲，因此有一個牢固的根基便尤為重要。川端康成的一句「淩晨四點鐘看到海棠花未眠」，最平常的景物，卻能感人至深。在他筆下，日本雪國的青松，古都的紅楓，以及那些栩栩如生的人物，那種濃濃的日本物哀文化，都有著撼人心魄的偉力。那種偉力，是愛與美的幻化，是在民俗中尋到的大雅。有著一顆懂得珍惜的心，一副善於創造的頭腦，在厚重文化的積澱上，他創作了高雅藝術。那不僅是藝術，更是神性在人世的閃現，是達於永恆的高雅的心靈生活。【對川端康成的舉例和分析非常見閱讀和文化的積澱，非常獨特又感人，尤其是他的「花未眠」，一定是讀了此文並深有感悟，才能行雲流水一樣用在自己的作文中，讓人感觸很深，因而感染力強。】

生活孕育文化，演繹出無窮的愛與美。我們中國五千年的文明，締造了二十四史、四大名著這些永恆的經典。從《蒹葭》到《致橡樹》，黃土地上，升騰起絢爛的文化之火，燃盡了腐朽，重塑了中華的心靈。終於，在俗與雅的激盪中，中華的脊樑，由魯迅等人挺起。

俗是雅的前世，雅是俗的今生，為了在水一方的伊人，為了宛若驚鴻的神女，請喚回自己遺失的高尚品質，凝成典雅的心靈。雅俗實相依，愛美本無限。【結尾處文質兼美，漂亮，意蘊深長。】（高二作文）

本文對雅與俗的理解是很獨到的，「俗源於生活，而雅高於生活」、「雅貴在新生，但並非新奇之事物必登大雅之堂」，而無論雅與俗，喚回自己高尚品質和心靈，才是真正的美與藝術。充分的說理和深入的思考，讓我們看到作者是一個善於發現並善於思考的人，人文素養和情懷滲透於字裡行間。

王素敏

雅與俗

魏聞達

北京八中二〇一二屆,現就讀於美國伊利諾理工大學。
我清楚地記得高中時王老師曾給過我的作文「文如其人」的評價,
而我更願將這四個字調換順序,人如其文,古卷青燈下尋覓理想,
是我用一生追求的目標。

雅與俗一直是對立的兩面,雅與俗的界定標準也一直是人們爭論的焦點。

實際上,作為兩個互相定義的詞,雅與俗有著千絲萬縷的聯繫。不僅如此,我認為所有的雅均根源於俗。【乾淨俐落,切題。】

雅只有從俗中生發出來,才具有生命力。《一九八四》中,溫斯頓·史密斯驚歎於無產者婦女唱出的通俗歌曲;【有些突然,鋪墊一句才好。】《詩經·國風》中的作品本是民間所傳唱的歌謠,如此卻成為至雅的經典;梵古名作《吃土豆的人》中,衣衫襤褸的身影浮現在昏暗的油燈光中。機器編寫出來的毫無意義的詞句,融入無產者真摯的感情,竟變得如春風般富有生命的活力;「河水清且漣漪」,映出勞工訴求的眼神;一家人生活貧窮,但餐桌上的土豆彷彿象徵著他們艱辛生活中彼此溫馨的感情。【此段重點介紹梵古畫作,敘述中飽含感悟,所以感人。】

這些都是俗人、俗事,但時光將它們昇華為真正的高雅。原因是什麼?我想原因在於它們都蘊含著俗世感情中的憧憬、渴望、溫存、愛意,以及所有美好而真誠的東西,這些也正是人性中與生俱在的溫暖的部分,無論悲喜,均是俗世溫暖的沉澱。【此處畫線部分將上段昇華,自然點題,深刻。】

相比之下，單純為了追求雅而存在的雅，未免顯得單薄、蒼白。漢賦極盡辭藻之華麗，卻最終走向了衰落；宮廷中的絲竹管絃，遠沒有山野間的民歌富有感染力。聽西北民謠，總感覺一陣沙土撲面而來，然而聽到一句「風吹來，吹落天邊昏黃的太陽」時，我彷彿體會到了如「古道西風瘦馬」一般的荒涼。元曲中的至雅之境，化作風沙刻在西北漢子的心中，跨越千年時光在今世的民謠中完美地再現。【又一個別致恰當的例子，語言富有畫面感和感染力。】

然而，並非所有的俗都能昇華為雅，也並非所有的俗都具有生命力，庸俗的、低俗的都是糟粕。什麼是庸俗？庸俗是流行歌曲中無病呻吟的花前月下，是肥皂劇中泣涕漣漣的苦情戲，是速成類書籍的氾濫，是選秀與炒作風潮帶動起來的盲目崇拜……是我們面前娛樂至死的大舞臺。【此段在前面人文情懷基礎上又不失理性思辨，轉得好。】

如今自命高雅的人不少，流於庸俗的人更多，這一切不是一句「浮躁」就能概括得了的。我們在批判之前應先反思，自己是否有一顆不肯媚俗的心？

先秦之人將《詩經》留給了我們，我們又將為後世之人留下什麼呢？【結尾處倉促，應扣住雅與俗發問從而總結全文。】（高二作文）

所有雅均源於俗，這是作者鮮明的觀點，立足於藝術又不止於藝術，材料豐富，有文化色彩。

王素敏

雅與俗

余茜

北京八中二〇一二屆，現就讀於清華大學。
學習從來都是張弛有度，簡潔幹練中透露出不凡的能力和深厚的文化積澱，
舉重若輕，所以才能遊刃有餘，樂觀地看待生活，熱愛思考和讀書。

筆墨紙硯，琴棋書畫，飲酒作賦，暢談千古事，是文人墨客的一份雅致；百姓於茶餘飯後促膝閒聊家長里短，乃是市井之俗。然而，雅與俗並非對立，雅俗共生，方才有了我們豐富多彩的生活與文化。【將雅與俗的關係提升到多元文化，立意高，有新意。】

古人尊儒家經典之學為雅學，無邪之好為雅好，相容博大的氣度為雅量，等等，雅慢慢地延伸泛指一切美好與高尚，而它的對立面也並非俗。雅是一種以文化為基礎的審美，是一個人自身的修養，【分析準確到位。】而今人卻將更多的目光投向了對美好物質的欣賞與佔有上。以如今的收藏熱為例，人們爭相跟風，收藏的銅臭氣給原本的雅趣蒙上了金錢的外衣。這樣為了虛榮心而附庸風雅，其實就是最大的庸俗。【針砭時弊，好。】

雅是文化的奢侈品，【深刻。】然而這種奢侈卻不以金錢來衡量，更不是金錢能買得來的。我們身在塵世，就難以免俗，但也正是在這凡俗的生活中一點點地薰陶與積澱，才孕育出了雅，使其自然流露。《聊齋誌異》中的故事皆出於市井俗人之口，卻在作家的藝術加工下熠熠生輝，顯得雅致與脫俗；《四世同堂》和《茶館》取材於小人物的世俗生活，而這源自「俗」的創作，卻因為真實的情感與情景，得以深入人心，成為文人墨客品讀的佳篇，成為百姓

閱讀的一份雅致。【舉例恰當，說服力強。】

　　俗是雅的物質基礎，正如古人云：「倉廩實而知禮節，衣食足而知榮辱。」而雅的最高境界即返璞歸真，回歸天地的境界。雅與俗本是渾然一體，那麼我們若非要為它們下定義、分個孰是孰非，又有何意義？

　　如今的社會物質條件越來越富足，人們誤以為雅文化只是屬於高潔之士的專利，將其束之高閣。其實，真正的大雅來源於全社會對文化的尊重與敬畏，它促使人們少一些虛浮，多一些對真善美的追求，而這也正是雅文化之於俗世的意義與價值所在。【此處深刻，有思想，看到了雅與俗的內在動因和本質，不俗。】

　　雅與俗並不矛盾，雅讓人生精緻、細膩，俗使人生熱鬧、生動，我們的生活有俗事萬千，也少不了閒情雅趣。不論是陽春白雪，還是下里巴人，只要恰到好處，自然會有別樣的精彩。

　　（高二作文）

「雅是文化的奢侈品」、「俗是雅的物質基礎」兩句道出兩者深刻的本質聯繫，語言簡潔有力，最後分析兩者各自的優點與融合，有見解。

王素敏

【題目呈現】閱讀下面的材料，按要求作文。

近年來，一些中小型實體書店紛紛倒閉。據統計，倫敦、紐約、東京每平方公里擁有的實體書店數分別為一點〇八個、九點三個、二點一六個，北京每平方公里擁有的實體書店數僅為〇點十一個。

就此，某網站聊天室展開討論：

甲：都是網路書店惹的禍！低價折扣對實體書店衝擊太大。

乙：不能責怪網路書店，存在即合理。再說了，現在都進入數字閱讀時代了，還有多少人看紙質書啊。

丙：對好東西，政府得大力扶持。

丁：關鍵還是書店自己。我家對面的那個中國第一家本土繪本書店就很火啊，每天人來人往的。

……

乙：時代在發展，很多東西都在經受挑戰，何止書店業啊！

以上材料觸發了你怎樣的聯想與思考？請自定角度，自行立意，自擬題目，寫一篇文章，除詩歌外，文體不限，不少於八百字。

【解題簡析】這是一則時評類的題目。對這類問題，一方面要表達自己的觀點，贊同或是反對及其原因，同時更重要的是這類題目所給出的現象往往是有不同看法甚至爭議，而非簡單的是或非，這就需要我們透過現象看到現象產生的深層原因以及未來的走向。這樣我們的判斷才不會失之偏頗。

另外，這類題目寫作時也可以引經據典，不拘於材料自身，擺現象、析原因、說根據、看本質，是必要的。

下面這些文章，很好地處理了上述幾個方面的關係，值得品讀。

書聲漸遠，車聲漸響

武凡

北京八中二〇一二屆，現就讀於首都師範大學。
當年小軒窗裡，玉蘭樹下，老師不止一次地教導我寫作文當「帶著枷鎖跳舞」；
而今學著地理，過著在山水間翩然起舞的日子，卻一次次地想念當年咬著筆頭思考
怎樣將腦海中跳躍的奇思妙想裝在「命題」的容器裡的模樣。

　　近年來，一些實體書店紛紛倒閉，現下北京每平方公里擁有的實體書店數只有其它現代化都市的十分之一乃至百分之一，面對著電子書的興起與紙質書的沒落，自是眾說紛紜。

　　事實上，無論紙質書還是電子書，其在文學性與精神價值上並沒有多少區別，然而，紙質書代表的，更是一種原始的、淳樸的、自然的、古色古香的生活方式。

　　而如今我們所感傷所懷念的，亦不僅是紙質書的「消逝」，更是那樣一種時代、那樣一種生活的漸行漸遠。

　　拿起一本書夜讀的時候，當下與過去便在某一剎那達成了一種巧妙的默契，當年的蘇子、謫仙、陶潛，是否也曾像我們一樣，手持絹冊挑燈夜讀？而正是這種穿越時空的共性，使得人興今古之思，讀書便已不僅是讀書，而成了一種思想的過程。

　　若是對著螢幕眯著被螢光晃花的眼苦讀，又如何能產生這種比閱讀本身更重要的、無際無涯的思考？

　　可悲的是又有多少人，他們放下了手中的書，放下了與古代先賢可貴的精神交流與思考，拿起那方寸螢幕，選擇了便利，又選擇了淺薄。

　　又何止是書。

這個時代又如何不是如此。

我們拋下了書卷氣拋下了酒囊詩箱，登上了國際航班渴望著飛向遠方。我們住在拔地而起的高樓上俯瞰著舊日的亭臺樓閣、田野村莊，卻不知我們親手把自己推到了一個時代的斷層上。

我們不知道後人會是什麼樣，而我們將前人的星河月光、劍氣凝霜一併藏進箱盒，隔絕了前人的心跳和思想，我們沾沾自喜地走在一條我們以為是新路，其實只是退回了原點從頭開始的大路上。

我們為了杭州圖書館館長為乞丐說的那句「每個人都有讀書的權利」而感動而讚歎，可我們又有誰記得舊時入戶的竊賊為書生，卻為房主改正紙簿上別字的故事？

是褚館長該被歌頌嗎？

還是我們其它人的悲哀呢？

我們不拒絕時代的進步，可我們是否該減少我們為這進步付出的文化代價？我們常說這是個沒有大師的年代，可分明是我們親手選擇了期貨股市與房產，放棄了千里沃野和「帶月荷鋤歸」、「陶然共忘機」的千年沉澱的情懷。

從零開始走一條千年走出的漫漫長路，如何不是「道阻且長」？

大地被割裂的血脈在哭泣，「先生之風」在蒼蒼雲山中沉寂，我們將過去的文化且雪藏且拋棄，又為一點點新的人文進步而得意。

前不見古人，後不見來者，不知己之所失，獨揚揚而自得！

多少人在文化的岔口彷徨，卻始終被時代的列車帶到不可更改的前方。

我站在那列車上。

前方書聲漸遠，車聲漸響。

（高三作文）

好一篇文筆犀利、文質兼美的「優品佳作」，標題形象富有詩意，兩相比照，一個聲音兩個本質不同的內涵，一個漸遠，一個漸近，在這種深刻的對比中顯示著獨到的思考力和表現力。「原始的、淳樸的、自然的、古色古香的生活方式」與「我們拋下了書卷氣拋下了酒囊詩箱，登上了國際航班渴望著飛向遠方」的內心焦灼，「把自己推到了一個時代的斷層上」。作者將這樣的生活方式和生活狀況放在歷史長河中審視，不拒絕時代的進步，只是「從零開始走一條千年走出的漫漫長路」，值得我們好好反思。行雲流水的酣暢與押韻而雋永語言，表現出作者深厚的語言功力。

王素敏

古卷青燈再難覓

魏聞達

北京八中二〇一二屆，現就讀於美國伊利諾理工大學。
我清楚地記得高中時王老師曾給過我的作文「文如其人」的評價，
而我更願將這四個字調換順序，人如其文，古卷青燈下尋覓理想，
是我用一生追求的目標。

近年來，眾多實體書店紛紛倒閉，取而代之的是贏下價格戰與速度戰的網路書店。在我眼中，實體書店的倒閉就像古代文人歷盡宦海沉浮後的拂袖而去。

目送「他們」遠去的我，心中盡是懷念。

我懷念書店裡一片寧靜中傳來的書頁翻動聲，我懷念書頁上灑滿的陽光，我更懷念的是在書店裡看書的氣氛與心境。

然而時代總在發展，就算網路書店，在未來最終都有可能完全被數字閱讀所取代。這樣的未來我不敢想像。自然，紙張並非承載文字的唯一載體，但在我心中，紙張卻是文字中的思想與心境的唯一載體。離開書頁，文字便少了韻味。

我們驚歎於古人文章中的思想與見解，卻不知這鋒芒是在寒窗苦讀中磨出來的。文學家們的沉靜深邃是在青燈獨守、古卷常翻中凝練出來的。我們在青燈下閱讀古卷，正是對他們當時情境的重現，在這重現中我們才能真正體會到他們燈下漫筆時的心境。由此觀之，從實體書店到古卷青燈，均是不可喪失的，因為他們承載的是從古到今傳承下來的文化精神，是今天的讀書人亦應做到的勤奮與自守。

然而，這些精神卻真的喪失了，它們隨實體書店而去，現代人

拋棄了它們，它們也就拋棄了現代人。如今的生活是快節奏的生活，如此的閱讀也漸漸以淺閱讀為主流。「晚來天欲雪，能飲一杯無」、「襄陽好風日，留醉與山翁」的閒情沒了，其中蘊含的真摯而醇厚的感情也就難覓蹤跡了。如今的飲酒應酬中的推杯換盞，多了諂媚，少了交心。古卷中高貴的格調與情懷隨卷之不在而不再，這難道不令人傷感嗎？

實體書店的離去，伴隨的是書中境界的消散與讀書人品格的變質。古卷青燈難再覓，難覓的不僅是古卷青燈本身，而是它們背後的讀書人的秉性與文化良知。

然而這一切仍是可以挽回的，我認為只要我們能秉持自己的文化良知，靜下心來品味書頁上的文字，於青燈獨守、古卷常翻中完成自我修煉的苦行，重獲一顆赤子之心，逝去的那些美好，自然會回歸。

古卷青燈中，讓我們故境重遊，沐於書頁的文化之中。「延目中流，悠想清沂，童冠齊業，閒詠以歸。」回歸古卷青燈，讓優美的文字在書頁中長存。

（高三作文）

這是一篇感情飽滿真摯而又深沉有內涵的「優品佳作」，標題「古卷青燈再難覓」充滿著詩意和對這種詩意的眷戀。讓作者眷戀的是「書店裡一片寧靜中傳來的書頁翻動聲，書頁上灑滿的陽光，還有在書店裡看書的氣氛與心境」，這種心境隨著行文的展開，認為是一種「從古到今傳承下來的文化精神」、「是讀書人亦應做到的勤奮與自守」，這種見解就遠不止感懷或感傷了，其中隱含著對現代讀書人缺少文化良知的擔憂與不滿，並貫穿全文。內在思維的縝密和情感的真摯處處打動著讀者，

同時也能讓我們時時感到作者的「文化自持與良知」，難能可貴。

王素敏

在文化急流中徐行

北京八中二〇一二屆，現就讀於中國農業大學。
文字於我而言，絕不是應付考試的工具，而是自己成長道路的見證者。
先敬畏文字，再駕馭文字，用它雕琢時光，待到年華老去再來品讀，
才會別有一番風味。生活之美不過嘗世間百味，品甘醇抑或澀苦，
將往事點滴皆著墨，回首笑談中，拂去衣上紅塵土。

時代發展之迅速如疾風過境，卷起猛浪滔天。我們的文化生活也如狂奔的洪流，那些我們應細細品讀的瑰寶，在急湍中幾番沉浮，乏人問津。

聲勢浩大的各類文化活動直衝得我們暈頭轉向，目不暇接。然而濤聲過後，我們環顧四周，卻不見留下一點兒可以回味的墨香。

我想，我們需要的不是如天一閣、汗牛充棟般的藏書樓，我們需要的只是書店那一隅，或許再加上一點溫暖而不刺目的燈光。

隨著一些中小型實體書店的倒閉，很多人心中這一點兒小小的願望也破滅了。

時間彷彿就是金錢，人們吝嗇於金錢，更吝嗇於付出寸金也難換得的寶貴時光。人們習慣於淺閱讀，習慣於在網路上匆匆地流覽。把一個下午的時間奉獻給讀書，在很多人看來是一件很奢侈的事情。付出的可以計量，回報卻是看不見的。

沒有陪梭羅在瓦爾登湖靜心感受，你怎能體會自然之安寧，我想這份心靈澄澈的時刻值得我放緩腳步去捕捉，這絕非你從網路上檢索一兩幅瓦爾登湖的圖片就能有所得的。更何況是那些猶如在火中逝去的、像金閣寺一般再不能重生的美。這樣一個世界，只有你放緩自己的腳步，誠心追隨梭羅，追隨三島由紀夫，追隨川端康

作文整體之品格與詩意　Chapter **07**

4
2

成，追隨沈從文，你才能感受瓦爾登湖的寧謐之美，金閣寺的瞬息之美，雪國的純淨之美，沅水的回歸之美。

　　沒有了實體書店，我們便少了一個可以遮蔽喧囂的港灣。但在這文化的急流中，我將依然選擇徐行，縱使艱難。因為很多東西是快節奏的生活所無法承載的，那文化厚實的美，和作者用生命沉澱下的情感，我都不願他們在這時代的呼嘯中被褻瀆。只有我們慢下來，才能真正去品味他人給我們留下的文化之真味，如果我們自己都在狂奔著生活，又怎能去體味他人的精魄。

　　想要保護實體書店不是為了保護這種形式，而是為了保護一顆文化的赤子之心。

　　我阻擋不了時代發展的速度，亦擋不住文化的洪流吞噬經典，但我希望我們能懷有一顆愛惜並敬畏文化的心。實體書店倒閉，微博盛行，我們心中的燈火不會熄滅。

　　在文化急流中，我願徐行，縱知艱辛。

　　（高三作文）

　　從標題中不難看出本文不只著眼於實體書店的倒閉，而是由此聯想到在當今文化急流中被裹挾著有些茫然的生活，這種生活正如作者所說「絕非你從網路上檢索一兩幅瓦爾登湖的圖片就能有所得的」，需要我們「放緩自己的腳步」。

　　以梭羅、三島由紀夫、川端康成和沈從文為例恰到好處地證明著「想要保護實體書店不是為了保護這種形式，而是為了保護一顆文化的赤子之心」這樣有思想的主張，語言的清麗雋永更增添了文章的魅力。

王素敏

別讓心靈「數位化」

祁盈

北京八中二〇一二屆，現就讀於清華大學。
平時喜歡看小說、畫畫、下圍棋。性格很單純，很容易感到快樂。
現在學建築，願望是做一個能帶給人驚喜的室內設計師。

隨著網路時代的到來，以光合作用書店為代表的實體文化產業受到了巨大的衝擊。我們不禁要反思：數位化的生活為人們帶來種種方便的同時，還帶來了什麼呢？實體書店倒閉的背後，又意味著什麼呢？

有人說，這是網路書店的過錯；有人說，這是政府沒有盡到扶植的責任；也有人說，這是書店本身缺乏競爭力。但我想說，網路的發展是一種必然，政府和書店本身解決的也只是形式上的問題。關鍵在於，人們遠離了那種用心靈尋找精神養料、用心靈感受點滴美好的生活方式。

無論數位化帶來了怎樣的便捷，我們的心靈都應以從容、認真的方式接受這種種變化，只有不讓心靈「數位化」，才可能讓那些寶貴的文化產業不被「數位化」的浪潮吞噬。

「數位化」的心靈會阻礙人們感知美好的敏銳能力。當今的生活決定了我們不大可能像梭羅那樣遠離塵囂，到靜謐的瓦爾登湖與自然之景交融。然而，只要我們的心靈沒有跟隨繁瑣的工作變得疲於奔命，而是保持內在的安靜善感，就會發現生活中的點滴妙處。當你感歎城市湮沒了自然的美麗時，席慕蓉卻在一朵小小的白色山茶花中悟出了人生的真諦；當你抱怨又要面臨一天的沉重壓力時，

福樓拜卻在一次簡單的日出中點燃了生命的熱望。由此看來，是心靈的「數位化」讓人們對身邊的美好感到麻木。

「數位化」的心靈更會讓人們不願花費精力尋找美好的事物，對既得的美好自然也不懂得珍惜。儘管網路讓人們可以足夠快捷地享受自己喜愛的書籍、音樂，國外許多小小的唱片店卻仍然生意紅火，正是因為人們願意在堆積成山的磁帶甚至黑膠唱片中用心「淘」上半天，那種「眾裡尋他千百度」後如獲至寶的滿足與快樂是難以言表的。歌不必很多，卻足以在心裡烙下長久的印跡。與之相比，以「數位化」的方式只需輕點幾下滑鼠就可以擁有大量的歌，倘若再以「數位化」的心靈去欣賞，只怕一首好歌也難留下多少回味。可見，「數位化」的心靈實在是人們使心靈豐富的最大阻礙！

總之，實體書店倒閉的根本原因並非網路發展等外在因素，而是人們的心靈被「數位化」的時代潛移默化的影響，變得「數位化」——變得簡化、變得求快、變得不懂得靜下心來認真地發現美，細緻地感受美，用心地珍惜美。唯有喚回用心靈尋找精神養料、感受生活美好的生活方式，才能拯救實體書店以及其它文化棲息地的靈魂。

實體書店不是一項產業，而是一種生活方式、一種心靈寄託、一種文化符號，它的存在讓一座城市顯得安詳，它的意義是網路書店無法取代的。所以，就讓我們從自身做起，別讓心靈「數位化」，救救實體書店！

（高三作文）

這是一篇針砭時弊的好文章，標題「別讓心靈數位化」一語道出了實體書店倒閉的癥結。文中分析時作者先排除網路、政府和書店本身的因素，然後指出「關鍵在於，人們遠離了那種用

心靈尋找精神養料、用心靈感受生活美好的生活方式」，這才是問題的根本。無論實體書店還是網路書店都只是不同的形式，當人們喪失一種寧靜地發現美、感受美的生活時，實體書店的倒閉就是必然的了。最後指出「實體書店不是一項產業，而是一種生活方式、一種心靈寄托、一種文化符號，它的存在讓一座城市顯得安詳，它的意義是網路書店無法取代的」，這是很深刻的思考和見解，發人深省。

王素敏

挽救「實體書店」

馬文玉

北京八中二〇一二屆，現就讀於清華大學。

細膩大氣和瀟脫的文字，給人以鮮明的印象。

沒有女生嬌喘微微的柔弱，而是颯颯英姿，不甘人後。

有著獨立的思考、個性和出眾的才能。曾被評為清華領軍人物。

時代快速發展，網路書店席卷著低價的圖書，快步擠進我們的視線，讓我們漸漸遺忘了那些正在快速消逝著的實體書店。面對實體書店銳減的局面，很多人提出要挽救，然而我們應該如何挽救？

去指責，甚至打壓網路書店嗎？

我看不妥。數位閱讀時代是當今社會不可逆轉的趨勢，網路書店的產生正是順應潮流而來，所謂「存在即合理」，我們豈能為了舊事物的延續而抑制新事物的發展？如此一來，又與百年前閉關鎖國的清帝國有何區別？故而，挽救實體書店絕不能走上這條道路。

那麼，我們該怎麼辦？

我想，很多事物都處在這樣一種窘境當中，如同前不久宣佈倒閉的柯達膠捲公司，如同正淡出我們生活的古老唱片。它們不可謂沒有存在的價值，紙質書上濃濃的墨香，難道不是我們與作者心靈溝通的更好途徑？唱片裡「咿咿呀呀」的歌曲，膠捲上留下的活潑人物，也都彷彿是一道門，封存著一個時代獨有的記憶，這是冰冷的電子設備難以給予的。我們知道，它們的消逝並不能責怪其本身，而恰恰是因為人們沒有給予它們足夠的關注，並沒有深刻地認識到它們存在的價值。

為什麼倫敦、紐約、東京的實體書店可以在快速的發展中得以

保存？我想，恰恰是民眾的關注給了他們得以生存的土壤。我們的生活過於「忙碌」，讓我們取了網路書店的快捷廉價，捨了實體書店的「昂貴費時」。我們不會為一張唱片找遍京城，但倫敦人會；我們不會因少一本紙質書而介意，但紐約人會。如此看來，衝擊實體書店的不是網路書店，卻恰恰是我們自己為發展急速狂飆的生活方式。我想我們未曾用我們的關注與扶持去挽救實體書店，而是一味地指責無辜的網路書店，這是怎樣的一種悲哀？

　　無價值的事物會隨時代的發展而被摒棄，如同行動緩慢的帆船，華而不實的花轎，然而實體書店卻並非如此。但是在我們這種生活方式之下，實體書店荒謬地成為了無價值、可消逝的事物，這又怎能歸咎於網路書店？打壓網路書店又能挽救什麼？

　　我認為，要想挽救實體書店，留住好東西，還要從改變我們自己做起。當我們不再每天泡在電視前消磨時間，不再饕餮「速食文化」來給自己充饑，而是捧一本紙頁書精讀一晚，實體書店自會生意興隆，紙質書自然也不會消失，更重要的是我們的精神也會更豐富、更充實。

　　這，便是挽救之道！

（高三作文）

作者開篇提出面對實體書店倒閉的現象我們該怎麼辦，「去指責，甚至打壓網路書店嗎」，「我看不妥」。分析原因後，再次發問，「恰恰是民眾的關注給了他們得以生存的土壤」，給出了自己的答案，即「留住好東西，還要從改變我們自己做起」，這是很負責任的回答，展現著作者的大氣和主人翁精神，這是難能可貴的。論述針對性強，語言簡明流暢，也很好地支撐著作者的觀點。

王素敏

活出自己的特色

相冬

北京八中二○一二屆，現就讀於中央財經大學。
愛聽音樂，愛看書，喜歡摺紙；還愛旅遊，熱愛金融學和心理學。
一手漂亮挺拔的字，曾讓很多人羨慕，也為自己增添了很多信心。

近年來中小型實體書店紛紛倒閉，一些人責怪網路書店的打折衝擊，然而中國第一家本土繪本書店卻總是人來人往，我想，這是因為那裡的特色。

每個事物都應有自己的特點，如果刻意倣仿，必然給他人帶來審美疲勞。

如普通實體書店，昏暗的燈光下放著幾本每個書店都會銷售的書，讓人心生困意。而旁邊的本土繪本書店有清新的環境，書中有精緻的插圖和獨到的思想，讓人眼前一亮，自然讀者眾多。

經濟社會中的「自我特色」相當重要。無論是商家打廣告還是打折，都是為了吸引百姓的眼球，不同之處當然更能抓住內心。就像各國的賓館，大多是黃色的牆木頭的櫃子，略顯無聊。但當你聽說美國某家賓館建在樹幹裡，芬蘭某個賓館就是愛斯基摩人的冰屋時，心頭會不會為之一動？商家若是抓住百姓的這種心理，盡力開發自己的特點，就不會像實體書店紛紛倒閉，而是生意興隆了。

文化中的自我也是民族發展的源泉。「越是民族的，越是世界的」闡述的就是這個道理。如果只是一味地模仿他國，自己的民族精神何在？不珍視本國的文化價值，其它國家也沒有義務珍視我們，又何談兩國間的貿易和交流呢？

所以，我們不必用發展經濟的藉口削弱我們的文化特點，而應活出自我的特點，讓世界看到一個有個性的中國。幾乎每個稍微有些經濟實力的國家都有高聳入雲的大樓，而又有哪個國家的建築能體現江南黑頂白牆的溫婉，展現北京紅牆綠瓦的皇家大氣，表現陝北窯洞背後的粗獷呢？這就是民族的特點，是五千年來的豐厚文化。這些寶藏是我們的文化優勢，當然也可以轉變為經濟優勢，不應被西方建築所盲目的替代。活出自我，才是生存之道，實體書店亦然。

　　無論是個人、經濟還是文化層面，都需要活出自我的特色，我們需要的就是看清別人的優勢，但更重要的，是找準自己的方向。

　　我們不需要刻意學習德國人的純理性，不必苦心追求日本人的快節奏，也不必標榜西班牙的熱情與奔放，這是他們擅長的。

　　我們可以選擇自己的中庸之道，培養自己安靜的力量，這不是固執的傳承，而是發展、創新的前提，活出自我的特色，比刻意模仿他人的優勢項目更有效率些。若每個實體書店都活出自我的特色，也許中國的實體書店會成為我們文化的一部分呢。

（高三作文）

　　這是一篇有思想分量的「優品佳作」，文章不以華麗的辭藻和豐富的材料取勝，而是首先在觀點上指出實體書店的倒閉自有深層原因——沒有自己的特色，然後不囿於此，說到任何文化現象都要活出自己才能「長盛不衰」。作者並沒有一味地指責當今浮躁的社會風氣是導致實體書店倒閉的元兇，更沒有怨天尤人地抱怨民眾文化意識的淡薄，而是客觀理性平心靜氣地分析並指出解決之道，「我們不需要刻意學習德國人的純理性，不必苦心追求日本人的快節奏，也不必標榜西班牙的熱情與奔

放，這是他們擅長的」、「我們可以選擇自己的中庸之道，培養自己安靜的力量，這不是固執的傳承，而是發展、創新的前提」，符合時評特點，是很耐人深思的。

王素敏

面對文化缺失

孔德昕

北京八中二○一二屆，現就讀於中國農業大學。
愛讀書更愛運動，愛電影更愛生活。
雖沒有多麼偉大的夢想，卻從未放棄對理想的追求。
我是，北京八中二○一二屆七班永遠的一員。

近年來，我國中小型實體書店紛紛倒閉，而數位統計也表明實體書店在北京的現狀岌岌可危，其密度遠不及倫敦、紐約、東京等大都市。而我認為造成這一現狀的根本原因是人們讀書意識的淡漠和讀書文化的缺失。

有人說是網路書店的低價衝擊了實體書店，然而同樣是面對網路低價的影響，電子銷售實體店大幅減少了嗎？顯然根本原因不在於此，而是因為人們內心已經失去了對讀書的渴望，淡漠了對於汲取營養的渴求。因此節省的幾元錢的誘惑甚至超過了書籍本身，這難道不是一種文化缺失嗎？

有人說我們已經進入了數字閱讀時代，紙質書已經跟不上時代腳步。試問科技更為發達的歐美和日本為何仍擁有著一定數量的實體書店？也許並不是時代拋棄了紙質書，而是我們拒絕傳承了幾千年的閱讀文化。面對冰冷的螢幕怎能體會到斜倚牆邊、翻動散有墨香的書頁的快樂？這不僅僅是一種形式，更是一種態度——認真享受每一頁文字，陶醉於書海的浩瀚。實體書店倒閉的根本原因正是我們缺少了那份對閱讀的認真態度，對文化的重視態度——這正是一種文化的缺失。

這樣看來，閱讀文化的缺失才是實體書店消失的真正原因。在

時代飛速發展的今天，這種文化缺失的現象正愈演愈烈，不僅是實體書店受到衝擊，名人故居亦是如此！

當梁林故居被拆，人們才將關注的眼光投向這些被遺忘很久的文化故地，殊不知，已有不計其數的古宅成為了鋼筋混凝土的大廈。比對待實體書店更甚的是，很多人認為名人故居一文不值。面對金錢利益，文化的氣息蕩然不復，這種文化缺失是我們所有人的不幸！

然而面對文化缺失，我們欣喜地看到有那麼一群堅持到書店中「消磨」一下時光的人們，我們樂觀地聽到有那樣一片挽救名人故居的呼聲。

馬丁·路德·金說過：「歷史將記取的社會轉變的最大悲劇不是壞人的喧囂，而是好人的沉默。」好人壞人在此並不恰當，但其內涵仍適用今日，即我們不怕面對文化缺失的現象，而怕連呼喊拯救文化的聲音都沒有。所幸，人們的強烈反響和呼籲帶給我們希望，馮驥才先生搶救文化遺產的身影也並不再孤獨。

面對文化缺失，我們應重視並立刻採取行動。實體書店、名人故居，他們都只是一個個文化符號，還有更多文化缺失的現象在我們身邊發生著。所以，行動起來吧！喚醒身邊人的文化意識，勿讓中國幾千年的文化成為歷史。

（高三作文）

本文針對一個實體書店倒閉的現象分析，然後打開視野，論及了與實體書店有著相同命運的「名人故居」，凡此種種，作者認為其根本的原因是「人們讀書意識的淡漠和讀書文化的缺失」。最後作者大聲疾呼「即我們不怕面對文化缺失的現象，而怕連呼喊拯救文化的聲音都沒有」，彰顯著強烈的時代感和

責任感，簡明而犀利的語言具有很強的感染力和說服力，真切、大氣。

王素敏

【題目呈現】閱讀下面文字，按要求作文。

　　恐龍滅絕了，但留下的化石依然顯示出它們曾經的強大；孔子去世了，但儒家的思想依然影響著今天人們的思考；北京奧運結束了，但奧運的精神依然振奮著每一位參與者的心⋯⋯那些過去了的一切，雖然已經從人們眼前離去，但它們背後的某些東西也許永遠不會在我們心中消失。

　　請以「＿＿＿＿＿＿依然在」為題，先將題目補充完整，寫一篇不少於八百字的文章，文體不限（除詩歌外）。

　　【解題簡析】這個半命題作文，有開放的一面，體現在橫線處，也有限制的一面，體現在「依然在」。需要思考材料所給的「恐龍與化石」、「孔子與儒家思想」、「奧運與奧運精神」之間究竟有著怎樣的關係，具象的事物是會隨著時間的流逝而消逝的，而其中所蘊含著的抽象的精神或道理是不會消逝的，想清楚了這一點內涵，就可以尋找自己所熟悉的領域來成文了。

　　認真閱讀並思考，就可以從下面這些文章中獲得某些啟發。

忘我精神依然在

孟桐竹

北京八中二〇一二屆，現就讀於中國政法大學。
我寫的字不夠雋秀，我寫的句子也很平凡，可一橫、一豎、一撇、一捺，
都凝結自那些穿校服和紮馬尾辮的青蔥歲月，
都來自那些日子裡和我一起成長的他與她，當然，還有你。

　　戰火紛飛的年代遠去了，烈士們奮不顧身的熱血也凝固了，他們的英勇、忘我與堅毅化成一段段歷史書中慎重而聖潔的記載。如今的我們生活在他們幻想過、憧憬過並為之犧牲生命的時代，懷想他們，尋找那些依然存在的、他們的精神遺產。

　　翻開史書，為黃花崗七十二烈士的無畏而眼含熱淚；看一部紀錄片，在抗日戰士義無反顧地衝進戰火時忘記呼吸。若此時側頭望一眼寧靜平和的窗外，或許會懷疑這樣悲烈的年代真的存在嗎？然而，正因為我們得以幸福地存在，才更證明他們曾經熱烈而絢爛地存在過。

　　哪怕如今他們早已離去，我們再聽不見衝鋒號與槍聲，我們再不用捨棄生命保家衛國，可我們必須銘記他們，因為他們的熱忱、期盼與忘我品格，依然在。

　　林覺民曾在〈與妻書〉中寫過這樣一句話：「君今死無餘憾，國事成不成自有同志者在。」對他而言，即使自己先一步赴死，只要同志者依然在，國不會亡。

　　同志者在，就是國人精神在，只要傳遞這精神的軀體依然在，精神不會滅，民族也不會亡。令我們驕傲並安心的是，時光綿延至今，在我們身邊，那如星火般明亮、熱烈的忘我精神依然在。

依然在啊，在任長霞親切的笑容中，在護士葉欣奮戰在抗擊非典一線上的身影裡，在無數汶川救援戰士挖廢墟挖到鮮血流淌也無暇去顧及的雙手中⋯⋯

他們延續並傳承著忘我精神，在平淡的生活中溫熱著我們充滿良知與感動的心靈。他們在抉擇時刻忘記自我，以小我換大我，用本來單薄的身軀營造出一片遼闊、安寧的天空，並將它奉獻給渴望幸福的我們。

在他們身上，忘我的力量傳遞著，所以，中華民族炎黃子孫的生命得以延續著。每當前路險惡，只要想到忘我的他們依然在，就備受鼓舞。而我們，也要成為這精神綿延的載體之一，成為先輩期盼的實現者，後輩航行的庇護者。

我想有一天，我們不必四處尋找曾經的他們留下的精神碎片，因為它早已化為亮麗的星火在心裡，永遠在。

（高三作文）

當今時代，人人為我，似乎早已忘卻「忘我精神」是什麼了，所以作者針對此大呼「忘我精神」依然在。從黃花崗七十二烈士說起，尤其是林覺民的〈與妻書〉，讓人感動沉思之餘，針對現實中那些奮不顧身的忘我精神，任長霞、葉欣等一個個我們曾經熟悉而快要淡忘的名字，一旦被作者喚醒，就在我們心底生根，長生巨大的正能量，鼓舞著我們，這是本文的價值和魅力所在。

王素敏

詩心依然在

夏江月

北京八中二〇一二屆，現就讀於清華大學。

品味文化的魅力，感悟自然的真諦，捕捉美好的點滴，享受拼搏的快意。

擁有一顆詩心，生命定芳香四溢。

手指靜靜撫摸著浸滿墨香的文字，口中輕輕吟誦著旋律優美的詩歌，似是在與一個鮮活的生命對話。雖然時光已流轉千年，但那片清澈的詩心依然在。

詩心，是中國古典詩歌的精髓，是無數詩人用生命詮釋的芳華。詩人已逝，在歷史的長河中漸漸消逝了足跡；但無數生命所共有的詩心卻從未停止跳動，在歷史的長河中越發鮮活。

看那東籬下採菊的身影，那是一片恬淡自然的詩心；聽那石上汩汩流動的泉音，那是一片閒靜寧謐的詩心；看那長風破浪的雲帆，那是一片豪情激越的詩心；聽那風雨之中的疾呼，那是一片兼濟天下的詩心。一顆顆清澈的詩心是細膩的、敏感的，也是最純潔美好的。也許我們不能用眼去欣賞詩人筆下的那片美景，但我們卻能透過詩心穿越千年，進行生命的對話。

詩心依然在，不僅是詩人為我們留下的清澈的詩心，更是我們每個人血液中流淌的詩情。

不知不覺中，詩人已把詩心延續給了我們。雖然詩人已經逝去，但詩心卻在後人中代代相傳。

詩心，是我們生命中芳香高貴的成分。它讓我們靜聽雨打芭蕉的聲音，感受大自然的無盡魅力；它讓我們聆聽杜鵑的啼唱，體會

遊子的難解愁腸；它讓我們對自然寄予無限的深情，用藝術的眼光看待人生。我們，已不是當年觸景生情的文學詩人，但我們所懷有的詩心卻成就了一個個生命詩人。

詩心依然在。在不知不覺中，它讓我們超然物外，獲得感情的昇華；享受簡單真實的生活，淨化心靈；排解心中的愁緒，醫治創痛。懷有一片詩心，我們便能在塵囂中尋求一片寧靜，在孤寂中獲得一絲慰藉。

詩心，宛如玉壺中的一片冰心，真摯而純潔。一首首優美的詩歌，不僅沉澱了詩人清澈的詩心，更將詩心融化在中華兒女的血脈中，無聲地滋潤著乾涸的靈魂，滋養著蓬勃的生命，成為生命必需的精神養料，成為中華文明的傳承動力。

指尖依然是墨香四溢的文字，口中依然是旋律優美的詩歌。詩心依然在，在詩人的胸膛裡，在我們的精神中，在中華民族的血液裡。

詩心依然在，永不褪色。

（高三作文）

這是一個缺少詩意的年代，作者說「詩心」依然在，那麼就要思考和回答究竟什麼是「詩心」，它「是我們生命中芳香高貴的成分」，能讓我們「獲得感情的昇華」、「享受簡單真實的生活」，能「滋養著蓬勃的生命，成為生命必需的精神養料」。這樣的「詩心」使我們的生命變得高雅而飽滿，所以娓娓道來，以優美的語言呈現著詩心的可貴和魅力，讀來如沐春風。

王素敏

【題目呈現】閱讀下面一首詩，根據要求寫一篇不少於八百字的文章。

茉莉花（希臘）

喬治·塞弗斯

不管是黃昏

還是初露曙色

茉莉花

總是白的

請在體會詩歌意蘊的基礎上，自選角度作文。自主確定立意，確定文體，確定標題。不要套作，不得抄襲。

【解題簡析】這是一個比喻引申型的題目，要求首先讀懂小詩，然後依據茉莉花的特點聯想引申，「黃昏」與「曙色」之於茉莉是它生存的外部環境，「總是白的」是茉莉不變的本色和屬性。

★材料→話題「外部環境與人」（際遇與態度）——世界觀。

★立意：堅守本色（本我、真我、純潔、本性）；

★立意：忠誠、永恆、經典；

★立意：變與不變；★立意：

做最好的自己；

★立意：心靈的淨土、生命的芬芳、清潔的精神。

這裡需要注意的問題是：不能脫離材料背景寫成「堅守」的話題作文，而要暗合材料才切題，即「在……情況下」（黃昏、曙色）、「總是白的」，這是材料作文和話題作文最大的不同。

下面的文章，在立意和引申方面有很多可資借鑒的地方。

清香如故

余茜

北京八中二〇一二屆，現就讀於清華大學。
學習從來都是張弛有度，簡潔幹練中透露出不凡的能力和深厚的文化積澱，
舉重若輕，所以才能遊刃有餘，樂觀地看待生活，熱愛思考和讀書。

不管是黃昏，還是初露曙色，茉莉花總是那麼純潔、無瑕、清香如故。人生亦是如此，若始終追求本真、堅守自我、不為身外之物所動，也定能由平凡而偉大，由短暫而永恆。

追求真善美，是人性中永恆不變的本真，而一顆真善美之心，將綻放出最美麗、純潔的心靈之花。《安妮日記》的作者——猶太小女孩安妮，在面對納粹殘忍的迫害時仍然寫道：「我總是堅信，殘酷終將結束，和平與寧靜會重新來臨，人們的內心是善良而美好的。」安妮讓我們看到了整個世界整個人類最柔軟的角落，那就是人性的本真。

保留並堅守住這份溫暖與美好，將會使我們在寒冷時看見篝火，在沮喪時看見星光，在絕望時看見朝陽。安妮的一生平凡而短暫，但她那如茉莉花般純淨美麗的心靈，將會在人世間留下永恆的芬芳。

追求信仰、堅守本我，則是生命存在的價值與意義。要做到堅持本我，就需要清楚地知道自己的目標與方向，並且擁有堅毅執著的精神。居里夫人正是如此。愛因斯坦曾說：「在所有的世界著名人物中，瑪麗·居里是唯一沒有被盛名寵壞的人。」的確，無論是面對科學研究時的艱辛與苦難，還是面對名利雙收時的誘惑，她都能

做到不為所動。她如所有能夠堅守信仰與本我的人們一樣，淡淡地生活，靜靜地思考，執著地進取，而永葆一種如茉莉花般純粹而不張揚之精神的美麗，被人們所銘記。

孟子云：「非獨賢者有是心也，人皆有之，賢者能勿喪耳。」每個人的心靈深處都有一塊純潔美好、不曾被玷污的精神領地，智慧的人會小心地呵護它，並不斷地用潔淨的精神洗刷它，從而堅持住本我；而大部分人卻任其荒蕪，或是放入金錢與欲望，最終「失其本心」。

追求其本真，堅守自我，是「出淤泥而不染，濯清漣而不妖」的純潔淡泊，是「粉身碎骨渾不怕，要留清白在人間」的堅毅執著，更是「一片冰心在玉壺」的高尚氣節。追求本真，堅守自我，再平凡的人生也能留下偉大的精神，再短暫的生命也能演繹出永恆的價值。

追求本真，堅守自我，即使零落成泥碾作塵，也仍能在時間的長河中清香如故。

（高二作文）

> 以茉莉的「清香如故」引申出「追求真善美，是人性中永恆不變的本真」，進而要「追求信仰、堅守本我，則是生命存在的價值與意義」，這是全文的中心。《安妮日記》和第四段中居里夫人的例子支撐著自己的觀點，擺事實之後，以孟子的名言進一步論及不要「失其本心」而要「堅守自我」。層次分明，邏輯清晰，語言流暢清新。
>
> 王素敏

明亮的精神

張曦

北京八中二〇一五屆，現就讀於高二科技實驗班。
愛犯二，不愛古板愛陽光，
不愛陰霾愛電影、愛文字更愛澄澈生活，我為自己代言

如若世間本沒有黃昏，便不會有清晨；如若天空本沒有陰雲，便也不會有晴朗。然而不論時光怎樣荏苒、環境如何變遷，茉莉花總是白的，有些精神總是潔白明亮的。

不管是順境還是逆境，明亮的精神總是樂觀積極。一帆風順時喜笑顏開，可謂人之常情，恰似詩仙望廬山瀑布時「飛流直下三千尺」的萬丈豪情，但難得的無疑是身處逆境仍能樂觀坦然。李白也曾屢遭貶謫，但仍能夢遊天姥，舉杯暢飲邀明月；王勃仕途坎坷，可依舊高吟「窮且益堅，不墜青雲之志」；蘇軾被貶至黃州，可依舊釋然曰：「人生如夢，一尊還酹江月。」樂觀在，心志在，因為樂觀，他們的精神始終明亮。

不管是動力還是阻力，明亮的精神總是追求理想。魯迅先生為了救國救命的理想，哪怕希望渺茫，依然棄醫從文，吶喊著喚醒麻木的國民，黑夜給了他一雙黑色的眼睛，然而他卻用它來尋找光明，這光明便是理想。居里夫人為了科學夢想而獻身，贏得榮譽時淡泊名利，只潛心於研究，而貧苦潦倒之時，也只渴望擁有一克鐳繼續試驗。當理想遭受羈絆、遭到阻礙之時，精神明亮的人不會屈服於環境而動搖絲毫。當理想昇華為信仰，追求本已成為一種永恆，亦如那不論黃昏或曙色的潔白。

不管是接納還是排斥，明亮的精神總是堅守本真。於謙「粉身碎骨渾不怕，要留清白在人間」，是對頑強不屈、正直清白的堅守；文天祥「人生自古誰無死，留取丹心照汗青」，是對不屈於敵人、愛國之情的堅守；左拉以「我控訴」的姿態彰顯了人類良心的一剎，是對內心良知、真理與大愛的堅守。無論遭受怎樣迫害都斷不會丟掉本真的自己。堅守是內心的審判，精神明亮的人才懂得堅守，亦如那不論黃昏或曙色的茉莉。

　　不論是黃昏還是初露曙色，茉莉花總是白的，雖不及牡丹雍容華貴，不及臘梅傲視冬雪，也不及蓮花粉嫩嬌豔。但它不為外界而改變，始終白得澄澈，白得純粹。正如那些精神明亮的人，有自己的處事態度、追求及準則，絕不隨遇而安，隨波逐流，一切源於他們內心那一份本真，即始終潔白無瑕、明亮的精神。

　　一星隕落，黯淡不了星空燦爛；一花凋謝，荒蕪不了整個春天。斗轉星移，萬象更迭，沒有人能同時踏進同一條河流。似乎世間萬物都會隨時間而變遷泯滅，但明亮的精神會永保於人們的內心深處，始終如一。

　　（高一作文）

　　這是一篇層次分明、有理有據的典範議論文，文中首先提出「茉莉花總是白的，有些精神總是潔白明亮的」這一觀點，然後以「不管是順境還是逆境，明亮的精神總是樂觀積極」、「不管是動力還是阻力，明亮的精神總是追求理想」、「不管是接納還是排斥，明亮的精神總是堅守本真」三個分論點層層深入地論證。第二段至第四段中運用大量材料，看出作者平日積澱的豐厚，結尾處以「一星隕落，黯淡不了星空燦爛；一花凋

謝，荒蕪不了整個春天」作結，耐人尋味，意蘊綿長。

王素敏

CHAPTER **08**

讓生命在作文之
樹上碩果滿枝

本章是學生畢業後寫的一些關於寫作的體會、畢業後回想高中作文對自己的影響，還有一些讀書筆記，從一篇篇或長或短的文章中，可以看出寫作已然成為他們記錄成長、感悟生活的一種方式。從這個意義上說，寫作是一種精神生活必不可少的方式。大學裡所學專業哪怕與文學與寫作相去甚遠，但一顆善感而豐富的心靈，一個善於思考的頭腦，一份溫暖的情懷，一種開闊的視野，是終身受益的。

例如，語文書中我們會學習一些古典詩詞，學後我們最好將這些散落的一粒粒珍珠倍加小心地拾起，然後與他們真誠地對話，從中豐厚自己的閱讀和生命體驗。

★白香山，我對你說

對你感到親切，只因一句「潯陽江頭夜送客」，看到故鄉入詩，自然有種自豪感。也許對你來說潯陽只是一個「終歲不聞絲竹聲」的傷心地，但你那一句「同是天涯淪落人，相逢何必曾相識」，真情的共鳴讓那個寂寞小城的寒夜迸發出了人性的溫暖光芒，它透過歷史的狹間，又照亮了多少天涯淪落人的心房。對你感到驚歎，作為新樂府運動的傑出代表，你的詩總「為君，為臣，為民，為物，為事而作，不為文而作也」。你堅持「文章合為時而著，歌詩合為事而作」，讓「執政者扼腕」、「握軍要者切齒」。你難道不是把詩文化作了控訴社會黑暗的吶喊、扎進國家黑幕的鋼針嗎？你強烈的社會責任感和寬大的同情心，令我知覺到自己的逃避和冷漠，若詩文真能救百姓於水火之中，我便也拿起筆。你對弱勢群體，尤其是女性所懷的人道主義，令人覺不出你是古人。無論是「猶抱琵琶半遮面」的琵琶女，「紅顏暗老白髮新」的上陽宮女，「鈿暈羅衫色似煙」的盼盼，還是「淚濕羅巾夢不成」的後宮宮人，你無不給予了最深切的同情，「為人莫作婦人身，百年苦樂由他人」。

你對國家、對人民熾誠的愛，由你的詩傳承，不會被忘懷，只因愛還在。

★杜甫，我對你說

站在一個朝代命運的轉捩點，你的詩被稱為「詩史」。

看不懂你的執著。兩次應試不第，好容易得個小官又不得不因國亂而棄官流亡，會草堂，被薦再辭。在江上破船中，與世長辭。你決定要大展宏圖，就應舉趕考，向君主高官獻詩顯才以期錄用，盡全力謀求一個得以實現報國之志的職位。但禍亂動盪，人心不古並不適合你，於是你選擇了棄官漂泊，毅然決然地辭去曾夢寐以求的職位。不為病老，只因看夠了「國破山河在，城春草木深」的悲涼，受夠了「有弟皆分散，無家問死生」的痛苦。回成都，用餘下的生命回首過往，在武侯祠前吟誦「出師未捷身先死，長使英雄淚滿襟」，在友人墓前感歎「臥龍躍馬終黃土，人事音書漫寂寥」。你執著地進，執著地出，任遷謫，任漂泊。只因不昧本心，用著一生捍衛一個詩人的品格。

★李白，我對你說

「五花馬，千金裘，呼兒將出換美酒，與爾同銷萬古愁。」你愛酒，愛得無法自拔，彷彿酒就是你人生的出口。你拿著良馬和昂貴的裘皮竟然僅僅去換幾壺酒！你不是愛酒，你是愛醉。一場酣醉，你可以忘記所有的愁，盡情地哭，盡情地笑，盡情地吐露內心，說幾句醉言醉語，作幾首醉詩。沒有權貴，沒有孤獨，你醉在你的世界裡。只有熊咆龍吟，只有鸞鳥和仙之人。你的世界如此流幻，彷彿也只有在今天的玄幻電影裡才看得到，你不該活在現實，你也不願活在現實。於是，你選擇酒，選擇醉。你活在你的世界中時，你灑脫得很。

然而，酒醒了，沉醉過了，你依舊愁，依舊寂寞。世間還是不那麼得意，「抽刀斷水水更流，舉杯銷愁愁更愁」。這個時候，彷彿酒都無法解憂，人生在世多不稱意。但即便是這樣，你還是豪壯地說：「天生我材必有用。」你做到了，因為你的詩已活了千年，你已然是一首詩，一杯烈酒了。

只是，你借酒消愁，後人借你的詩消愁。

★陸游，我對你說

你曾經有這樣的渴望，轉戰於沙場；你又曾經實現了渴望，揮舞著刀槍。

然而，美夢醉得不長，你終於還是被趕下了馬鞍。無馬的將軍啊，在你的低吟中，我卻聽到了達達的馬蹄。你達達的馬蹄不是美麗的錯誤，聽，「夜闌臥聽風吹雨，鐵馬冰河入夢來」。

你看，你一生始終望著北方——北方的中原，鐵蹄下的中原，你為之戰鬥的中原。你的前輩們日夜望著的是西方——西方的長安，多柳的長安，有著高高的宮牆的長安。你也可以像他們一樣，你可以嚮往應天府、臨安、風雨飄搖的江南。那裡有鶯歌燕舞，那裡有詩情畫意，那裡有朝廷，那裡有政治舞臺，可是你不，因為你是戰士，是怒放在驛外的一樹寂寞的梅。

戰鬥，你用一生去戰鬥。你「上馬擊狂胡，下馬草軍書」。報國，你用一生去報國，可你「報國欲死無戰場」。哪裡沒有戰場呢？如今，我們翻開你的詩稿，一頁頁墨香，這是沙場上英雄的氣息。那裡沒有戰馬呢？像海子「以夢為馬」，你的詩便是你的戰馬，駕馭著它馳騁，你是怎樣地在你的心靈之中開疆拓土啊！

遠去的是你，是一生奮鬥的戰士；歸來的是你的戰馬——你的詩，你的一縷精魂。

再如，下面兩段文字，透露出高中畢業後語文學習的深遠影響，再次印證著「語文學習的外延等於生活的外延」這句有名的話。

【示例 1】上大學以後，比原來課少了不少，也有了空閒看些閒書，前陣子看白落梅的書，覺得語言很美，有種說不出的感覺，在浮躁的時候看看，可以讓自己稍稍沉靜下來。今天無意間發現了一個白落梅語錄整理，我當時第一感覺就是「我可以把它用在作文裡」。然後恍然，我

早不用寫作文了，不過我還是把那個本有兩百句的文件又精簡了一下（剩了一些「風花雪月」的句子），因為我覺得這些內容應該可以用在學弟學妹們的作文裡，即便不行，在忙忙碌碌的生活裡看一看，也可以有所感悟，希望大家共用……

【示例2】上了大學，學著生物，每天都是數學、化學、生物，能留給文科學科的時間比高中還要少。不過，越是這樣，越是懷念那些飄散著詩香的日子，那些能花上一段時間細品一篇古文，隨作者的思想縱橫馳騁的日子，那些還有閒暇思考、爭論如何看人生、看世界的日子。在書桌上看到不知誰寫下的一句「小舟從此逝」都那麼親切，甚至想提起筆補上下面那一句；秋天，走在路上，腦中蹦出的竟是「荷盡已無擎雨蓋，菊殘猶有傲霜枝」；上軍事課，聽著穿軍裝的教官們講起戰爭、核彈、生化武器，腦子裡一個勁兒地翻騰，琢磨這一切究竟是不是像他們說的那樣，我作為一個學生物的學生又該怎樣……

想起這些，覺得更該向高中三年的語文學習道聲謝。語文在我高中三年的學習中，讓我得以吸收一些漢字中芳香高貴的成分，接觸一些人文的知識與思想，讓我學會在這一領域內進行一些自己的思考。有了這些，生活可能會變得更複雜，因為要在很多種衝突的思想與價值取向中尋一條自己的路，而不是簡單盲從。但也是這些，讓生活更簡單、更完整，因為可以在那麼多巨變中抓住那一點自己心中不變的信仰，讓人能更從容地應對生活中的那些變化。

所以，為了未來一份坦然的成就感、為了自己成為一個精神生活豐厚的人，趁現在拿起手中的筆，在筆尖上不斷成長，讓生命在作文之樹上碩果滿枝。

《牧羊少年奇幻之旅》讀書心得

胡博

北京八中二〇一二屆，現就讀於北京工業大學。

死生契闊，與子成說，是我對文字的喜愛。

切磋琢磨，高山景行，是我對文學的態度，更是我對生活的態度。

珍惜愛自己的人，做最美好的自己。

邂逅一本好書，如在春之原野，沐三月清風。眼波流轉，心緒飛揚，銘記久久的感動。我真的很幸運，可以在進入大學之前的這個暑假中遇到《牧羊少年奇幻之旅》這本著作。這本講述勇氣、信仰、愛的小書，以其清澈的語言叩開了我的心扉。

這本書的主人公名叫聖地牙哥，一個安達盧西亞牧場上的牧羊少年。當他兩次夢到一筆埋藏在埃及的寶藏並受到撒冷之王的指引後，毅然賣掉了自己的羊群，開始了一段冒險旅程。一路上他遇到了坦吉爾的騙子導遊，沙漠中的真愛少女，綠洲裡的煉金術士……這些人使這個少年得以成長，但是憑著信念與勇氣，他從未放棄過自己的夢想，無論是遇到順境還是逆境，他都堅信著「馬克圖布」。

一直以來，我很欣賞這種短小的寓言故事，作者以夢幻而平實的筆觸向人們傳授關於勇氣、信仰和愛的哲思。同類作品，如純愛的逆流河，童真的小王子，這些書並不難懂，卻韻味最深，讓我手不釋卷。在《牧羊少年奇幻之旅》中，最感動我的是聖地牙哥幻化成風的篇章。他向沙漠的關於愛的解說，他對風關於生命同源思考的講述，他對太陽的關於世界之魂的高歌，讓我震撼。一個牧羊少年竟能對生命有如此深刻的思考，更令我感動的是這些思考並不是源自先哲，源自書本，而是在一段艱辛的旅途中以勇氣和樂觀親自

領悟的，這著實讓人欽佩。

「我跟你一起在世上漂泊的時候，了解了煉金術的秘密。在我身上融合了風、沙漠、海洋、星星以及宇宙中的一切。我們都是由同一隻手創造的，擁有同樣的靈魂……」男孩想變成風，他堅信自己與風同源，他渴望飛向心愛的姑娘，渴望到達嚮往的埃及。無論是遙遠的沙漠、被騙後的貧窮，還是殘酷而漫長的戰爭。從他踏上行程的那一刻起，從那家小小的水晶店開始，男孩從未放棄過自己的夢想、自己的信仰。有時候夢想是和信仰捆綁在一起的，它們的結合體，便是牧羊少年一直追尋的天命。

我們每個人都有自己的天命，即自己守護的夢想與信仰。我們要傾盡一生勇敢的奉獻、犧牲，為的是終有一天能像牧羊少年那樣實現自己的「天命」。很多時候，我們會認為天命在天，尤其是在起初的嘗試被挫折擊敗時，我們會懷疑自己的能力，會保守，會猶豫。當一個夢想只是延續我們平庸生命的托辭時，它也始終只能是一個遙不可及的夢想。一條萬里的路，走過兩步，便離終點近了那麼一米，然後再是一米，直到我們回首過去，那條路彎彎曲曲延伸向遠方，而終點就在眼前。看看那些過往的人和事吧，統一法國的霸主拿破崙是由炮兵少尉做起的，而在那之前，他或許都只能算是一個普通士兵；解放黑人的自由領袖馬丁·路德·金，原本也只是美國民眾中普通甚至低微的一員。他們的夢想誰都可以有，而他們做事的那份果斷與堅持背後的莫大的勇氣與信念卻是常人無法企及的。天命廣生於眾人心中，卻只有勇者與智者才有緣得償所願。畢竟，追尋自己的夢想，往往首先意味著失去，而失去的滋味是痛苦的，失去的東西有時是美好的，這一切都會讓絕大部分人徘徊、動搖，直至快樂地妥協。

經歷過失去之痛，遍嘗分離、孤獨、危險、艱辛的人，才能達成自己的天命。

願大家能像牧羊少年聖地牙哥那樣勇敢地唱著夢幻的歌謠，笑看得失。身外之物終將失去。當你看似一無所有之時，天命就會到來，一切都會好起來。

　　在這之前你經歷的傷和痛，會有人幫你拭去，而你所展現出的勇氣與信仰，將會成為後人心中的日月，照耀著他們前進的路，給予他們前進所需的光和熱，不斷向前，向前……

　　牧羊少年奇幻之旅，還遠沒有結束。

　　讀一本好書，邂逅一些熟悉的陌生人和生活，然後開啟一段漫長的生命之旅，書中的喜怒哀樂，無不點點滴滴滲透到生活中，也或許化作一些「肥料」，滋養我們日漸「衰老」而麻木的心靈。生活中，很多時候，很多方面都有這樣的「奇幻之旅」，等待著我們開啟心靈，然後一直走在路上……

王素敏

《人類的故事》讀後感想

胡博

　　最近我讀完了房龍的《人類的故事》。這本書的前半部分我看的是紙質原版，後半部分我看的是中文電子書。這次的閱讀經歷使我感受到了電子書確有其優勢。相比紙質書，電子書資源更豐富而且廉價，此外閱讀電子書也更為便捷。

　　這是一本關於歷史的書，作者從人類的起源寫到希臘羅馬時代的輝煌，並沿著宗教興起這條線索一路寫到中世紀和之後的宗教改革以及各國革命，最終房龍寫到了近代，寫到了科學藝術的進步。這本書既有宏大的概述，也有細緻的描寫，更重要的是從這本書我們可以直接看到房龍謹慎而且批判的歷史觀，因其對寫作材料有所取捨。

　　在西方這算得上是青少年的歷史啟蒙書了，使人對於人類的歷史有一個全面的了解。我想歷史總是見仁見智的。比如對於拿破崙，法國人或許引以為傲，但是英國人卻可能將他視為惡魔。因此我們要學會一種謹慎批判的歷史觀，而這源於獨立思考的能力。這種獨立思考的能力在西方社會是十分重要的，從房龍的書中我可以感受到他對歷史的思考，這種獨立思考的精神以及理性判斷力是值得我們學習的。

　　就書的內容來看，房龍的語言十分生動形象，他所作的類比和

比喻是那麼恰到好處。在前言中房龍寫道:「歷史是一座雄偉壯麗的經驗之塔,它是時間在無盡的逝去歲月中苦心搭建起來的。要登上這座古老建築的頂端去一覽眾山並非易事。這裡沒有電梯,可年輕人有強健有力的雙腳,能夠完成這一艱苦的攀登。」在最後一章,房龍引用了偉大的法國作家法朗士的一段話:「我越是思考我們生活中的問題,我越堅信我們應選擇『諷刺和憐憫』,作為我們的陪審團與法官,就像古代埃及人為其死者向女神伊西斯和內夫突斯祈求一樣。諷刺和憐憫是最好的顧問,前者以微笑讓生活愉悅,後者用淚水使生活純潔。我所祈求的諷刺並非殘忍的女神。她從不嘲笑愛與美;她溫柔仁慈;她的微笑消除了我們的敵意。正是她教會了我們譏笑無賴與傻瓜,而如果沒有她,也許我們會軟弱到鄙視和憎恨他們。」整本書充滿了智慧,很值得一看。

從什麼時候起,我們忘記了自己的故事,忘記了人類久遠的「故事」,這是一本不講故事的「故事書」,作者的深邃睿智,讀者的細膩共鳴,讓我們和他們、歷史和現實那麼自然貼切地走在一起。「獨立思考的精神以及理性判斷力」,是當今每一個青年人所應有的精神力量,於是寬容就不再只是一種美德……

王素敏

高中語文學習的那些事

　　這裡是學生們畢業後對高中語文學習，尤其是對高中作文的一些感悟、感慨和總結。有一種說法：「作文是語文學習的半壁江山。」如何提高作文水準、提高作文分數，如何提高語文成績是每個同學非常關注的問題，是很多學生學業成績的「瓶頸」，只有有效突破才能讓自己「更上一層樓」，尤其對一些語文是自己「短板」的同學來說，更是迫在眉睫。每個人的情況不一，方法和效果也就不同，但有一點是共同的：熱愛是最好的老師，從熱愛寫作、熱愛語文開始，克服「視寫作為畏途」的心理，點滴積累，不斷昇華，逐漸內化，原來寫作文和語文其它學習一樣輕鬆。

　　不僅如此，熱愛寫作和語文的其它學習將使你大學甚至終身受益，對於我們年輕的生命是一種成長的記錄，對於我們的人生將是一種豐厚的積澱和幸福的享受。讓我們在寫作及其它語文學習中成就自己的精彩！從下面這些文段中大家可以常讀常新，不斷獲得啟示。

　　★高中三年，我懂得了如何認識事物、思考問題。走進每一個名人，我們不再只是驚歎於他的才華，而是看到那光彩背後苦難所賦予他的精神力量與人生財富。面對時事、熱點，我們不再只是看客，而是敢於指出本質、針砭時弊、提出解決辦法。發展的眼光、聯繫的觀點都因您的點撥而靈活運用於我們看待問題的分析過程之

中，時間維度與空間維度的綜合分析讓我們的思緒更加完整，辯證思想讓我們的認識更加全面。時常進行這樣的思維訓練，我們才會善於分析、大膽思維。

高中三年，我擁有了人文情懷。我們善於發現身邊的細節中蘊藏的美，善於從平凡中發現偉大，善於在短暫中覓得永恆。我們珍視經典，享受與文化名人心靈溝通的過程。一首首古典詩詞觸動著我們的心靈，一篇篇美文厚重著我們的頭顱，歷史感、時代感、哲學感、人生感已不僅僅用於文章創作，更指引我們帶著人文情懷看待每個事物的價值和意義。

高中三年，我看到了文學世界的廣博。詩詞歌賦，散文小說，高中階段學習了多種文學形式的經典作品，品讀了富有內涵的句段；又認識了文學史上經典的人物形象，愛而知其醜，惡而知其美。見賢思齊，見不賢而內自省。行到水窮處，坐看雲起時。文學世界有著廣闊的天地有待我們去探尋，高中階段的學習也會引領我們在未來的生活中繼續感受文學的魅力。

高中三年，我學到了解題策略和思路方法。每一次您讓我們記在題旁的筆記都清晰地梳理出答題思路，復習時看到它們很快就能回憶起來。您精選的古詩文練習、精編的閱讀及延伸答題方法都讓我們感受到復習的計劃性和條理性，從而更自信從容地走進考場。那是您付出的心血，我們倍加珍惜。

然而，我也認識到了自己的一些不足。我感覺很遺憾的是自己未能及時整理平時學習收穫的知識和方法，而是在最後自習時才從高一、高二的美文中摘錄素材，從高三的試卷中提煉方法。我深深地感受到，最後的自習時間十分緊迫，沒有大量時間用於翻閱材料，應當在每個假期都對上個學期的試卷和材料進行整理，復習時匯總到一起，會達到更好的效果。

總之，高中語文學習是一種享受。我難忘那些經典作品，更難

忘您給我們傳道、授業、解惑的一千多個日子，難忘與您用心交流的美妙感受，那將是永恆的美好回憶，讓我們每一個人的生命中多了一抹亮麗的色彩。

（夏江月，現就讀於清華大學）

★時光荏苒，三年恍若一瞬，尚有點滴溫暖在指尖繾綣。不敢說三年歲月將我造就成林徽音那般「一身詩意千尋瀑」的才女，但高中語文學習確實對我影響頗深。

還記得高中第一篇古文的晦澀難懂；第一篇作文的啼笑皆非；第一次考試的緊張難耐；第一次被提問時的欲語忘言……若非要說高中語文使我得到了什麼，那一定是無盡的知識和一顆尚未完全通透的詩心。

在上高中之前，我不知什麼是「雲泥之分」，也不知什麼是「葳蕤」，更不知什麼是「素影清氛」；我不知勃拉姆斯和克拉拉那種「此時花開，彼時荼靡」的淒美愛情，也不知李密對其祖母那種感人肺腑的烏鳥私情，更不知托翁「渴望愛一切人和被一切人愛」的人間大愛；我不知海棠花未眠，也不知曇花那瞬間與永恆的舞蹈，更不知依米以長久寂寞等待一刻浩歌；我不知沙鼠的故事，也不知渤海冰魚的永恆，更不知大馬哈魚的洄游；我不知春歸的信仰，也不能理解濃濃的鄉愁，更無法體會那深入骨髓的國恨家仇……

以上所述，不過我高中所學的冰山一角，所以說高中語文帶給我無盡的知識是不為過的。

還記得高一的「詩賦趁年華」；還記得日本地震後語文課上的討論；還記得那一篇篇美文和片段。記得曾在作文中寫過：「詩心並非指寫詩的心，而是指那安於平淡，認真生活的心。」坦白地說，在接受高中語文學習前、我在細雨綿綿之際，絕想不到「細雨濕衣看不見，閒花落地聽無聲」，也絕不會因此而細看那雨落紛紛，體

會那僅屬於心靈的寧靜；在孤雁南飛之秋，也絕不會因想到「雁字回時，月滿西樓」而望天邊尋月。

但我也不敢說經過這三年語文學習的洗禮，就能洗去塵世在我身上留下的痕跡，擁有一顆澄澈透亮的詩心。我想說，高中語文帶給我一顆尚未完全通透的詩心已屬不易，更何況它還已然帶我走在使心靈更為明亮的道路上，相信即便日後我不再以語文為學業，床前案側的詩書也不會蒙塵，雖然再難在文學之路上走得更遠，但也難以完全將接觸過的文學作品盡忘，只因我相信經典的力量，也相信自己那顆尚未完全通透的詩心。

高中語文學習雖使我所得良多，但也並非完全沒有遺憾。高三大量的練習使我對語文失去了原有的激情，這種激情原是發自肺腑的，卻被一點點磨得所剩無幾，相信要用較長時間才能真正將它尋回，這也許就是我高中語文學習最大的遺憾。

高中語文學習雖有所遺憾，但它卻是我高中生活中最瑰麗的篇章，真心感謝老師帶給我的無盡知識和那尚未完全通透的詩心。

（律燁，現就讀於中國農業大學）

★高一剛開學語文老師發誓要打爛我們的舊世界（這句話印象太深刻了），我承認，我的舊世界的確瓦解了，而且新世界還是挺美好的。高考後收拾卷子，讀以前的作文，覺得幼稚好笑，也有些不可思議。其實這些變化又何嘗不是一種「得」？我覺得，在高中的所有學科中，語文是除去應試成分外，給我帶來享受和快樂最大的學科。我可以為了應試去學語文，但學習語文所收穫的遠遠多於應試。對古詩和閱讀，做題之後對於詩文本身的思考、理解和積累比做題更有意義。作文更是如此，題目是硬性的，但通過文字我可以盡可能的表達自己的觀點。寫作文不僅是簡單的完成任務，還可以引導、督促我拿出時間，平心靜氣地對一些平時根本不會在意或

不願在意的問題做自己的分析，形成個性化的思考。欣賞同學的作品也是一大享受。功利地看，他山之石，可以攻玉。更重要的是，作為同齡人，同學的觀點，甚至是一句話，容易引起我的共鳴，提醒我，激勵我，啟發我，讓我感到欣慰和感動。這種「得」是無法複製的。這是真心話。在緊張繁雜的高三生活中，我很珍惜這些獨特的情感體驗，這也是語文最吸引我的地方。

（李心媛，現就讀於清華大學）

★語文學習感受在學習語文的高中三年中，我深刻地感受到了語文實屬一個博大而對人影響深遠的科目，通過高中的語文學習，我從老師那裡得到的遠不止是知識，更是一種人文情懷，一份社會關懷，一種多角度的思維方式，而這對我們的一生都影響深遠。每一次作業講評的課件、優秀範文我都認真保存，在高考前夕，我把這三年的所有資料都分類整理，如把作文按關係性、抒情性、哲理性、時評性分類，分別看每一類的優秀範文，在學習這些範文的同時我打開兩個文檔，一個記錄一些可以運用在自己作文中的較好事例和一些優美語段，另一個文檔用來記錄文中步步深入的思考方式。

節選：

1．陶潛身居歸隱之地尚且「戶庭無塵雜」，身在現代，生活水準較之好了太多的我們又為何不能做到經常掃除，還窗扉以明淨、還事物以條理、還自己以清明呢？

這是時間的縱向延伸，從陶淵明說到現代生活，富有啟發性。

2．這種現象在我看來，與其說是書店業隨時代發展而經受挑戰，不如說是我們曾經擁有的那種平和恬淡而不浮躁的心境在面臨挑戰。

這是時評類開頭，開門見山，從總結評價入手，觀點明確。

下面就是由表及裡的分析了。

3・如今的社會日益浮躁，我們也因此更需要那份平和從容，否則一切忙碌便只是勞作，不復有創造；一切知識追求只是學術，不復有智慧；一切宗教活動只是世俗的事務，不復有真正的信仰；甚至一切成就也只是功利，不復有心靈的滿足。當整個社會都敢於面對變化而不再逃避，順應世事變遷而不再抵制，將挑戰視為發展、進步的動力，而不因此淩亂了前行的腳步之時，便可稱得上是一個成熟的社會。

排比，寫出某物的重要意義，指出我們不應只是忙碌，更要在平和從容中追尋生活的真諦。

……

這樣的總結，或許能夠出現在許多作文書上，但從作文書上看到的只是表面的句式，只有通過從自己的積累中提煉與感悟，才能收穫這種思維方式。而這種思維方式的作用不只於作文，更有益於今後面對各種事情。

並且，我認為語文學習不僅在書本之內，還在於老師上課時對一些貌似與課本毫無關聯的社會問題的闡發，甚至從一些優秀的小說中我們也能得到深刻的思想、正面的力量，從一些優秀講座中我們也能觸類旁通，有所感悟。如在一個清華大學傳媒學院教授的當代電影審美取向的講座中涉及了美國電影嚴格的分級制度和分級制度對美國電影的促進作用，明白了很多的社會問題。所以我認為語文的學習在於生活的點滴之中，用一顆滿懷人文關懷的心體察社會，留心生活，我們便能收穫很多。

最後我想，在這三年中通過語文學習，讓我的性格、情懷、品格都有了很大的變化，與王老師是分不開的。每天中午面批作文，我們把王老師包圍，思維的火花在師生中激蕩。老師的敬業、對我們的全心全意讓我們感受到老師的激情，讓我們被老師所感動，面

對語文學習也充滿激情。我想這就是所謂的言傳身教。

　　三年匆匆過去，語文的學習於我來說已是一種享受，也讓我堅定地走上了堅守傳統文化的道路，對文化的激情將伴隨我終生。

（李鳴岳，現就讀於臺灣輔仁大學）

　　如果寫作文能為我們的升學乃至人生提供這樣有益的幫助，能讓我們在輕鬆愉快的氛圍中感受語文的魅力，那就是寫作文的終極意義，真的是「得作文者得天下」！

　　追求深刻而不貶低清純，燃燒熱情而不拒絕理性，審視自我而不排斥關注社會與人生。多樣生活，別樣文章，那就不僅是「得作文者得天下」，更有體會文化博大精深、陶冶情操、提升人生境界的快樂。

編輯的話

　　古人有兩句話，一說，字如其人；又說，文如其人。兩句話的大意，是書法以線條表達和抒發作者的情感心緒，而文章風格同作者性格特點相類似。兩句話其實也可簡化為三個詞：寫字、作文和做人。這兩句話三個詞，簡單明白，樸素淡雅，卻又你中有我，我中有你，渾然透出物我相融、拙樸性靈的中華哲學。

　　以關注人文教育、弘揚中華文化、服務全球華人為使命的華文出版社，理想宏大，卻正以這三個詞語構成我們的出版三部曲。從陶冶漢字之美入手，我們出版的中小學《書法》教材進入課堂，廣受歡迎；從「品史立人」出發，我們以「華文傳記」為品牌出版的一系列傳記作品，引人矚目。這裡奉獻給讀者的，恰是由「字」到「人」的「作文」橋樑——用筆尖寫出青春成長，用筆尖品味漢語之美，用筆尖品察心性脈動。

　　二○一二年八月，我們推出了這套作文書的第一部：中國人民大學附中校長劉彭芝作序、陳蓮春老師編著的《筆尖上的成長：人大附中陳老師教你寫立體作文》。出版一年來，這本書受到中學老師、學生及家長的熱烈歡迎，在書店銷售排行榜也居高不下。據調查，受歡迎的原因，首先在於滲透了中學作文教改的新理念和新思想；其次便是關注這立足於人、書寫成長，是心靈的自由帶來了作文的「解放」；第三是水到渠成的結果，書中作文的每位作者順利實現了自己的高考夢想，其中

兩位還分別成為北京市二〇一二年高考的文、理科第一名。

這次推出的《筆尖上的成長：北京四中黃春老師教你寫作文》、《筆尖上的成長：北京八中王素敏老師教你寫作文》，延續了這由書到文、由文到人的立意，同時又體現了各自的特色，再次呈現北京名校的作文教學優長；又如江蘇省卷、雲南省卷，則是薈萃全省幾十家著名中學的優秀作文；針對每篇作文，不僅有名師的精到評改意見，還有每位學子的介紹或感想。系列化出版的這套圖書，自北京起步，融匯全國，無疑構成當代中國優秀高考作文的「大合唱」。

不是每個人都能始終擁有成長的歲月，儘管成長可以跨過特定的青春時光；「作文不是生活的點綴，而是生活的必需」（葉聖陶語）。我們期望，這套凝聚全國優秀教師教學智慧、優秀學子高分作文的圖書，能成為學子們的青春記憶、成功助力。

本書編輯部 2013 年 8 月

筆尖上的成長　A0900002

筆尖上的成長：名師教你寫作文　卷一　下冊

編　　著　王素敏
責任編輯　蔡雅如

發 行 人　林慶彰
總 經 理　梁錦興
總 編 輯　張晏瑞
編 輯 所　萬卷樓圖書股份有限公司
排　　版　菩薩蠻數位文化有限公司
印　　刷　百通科技股份有限公司
封面設計　菩薩蠻數位文化有限公司

出　　版　昌明文化有限公司
桃園市龜山區中原街 32 號
電話 (02)23216565
發　　行　萬卷樓圖書股份有限公司
臺北市羅斯福路二段 41 號 6 樓之 3
電話 (02)23216565
傳真 (02)23218698
電郵 SERVICE@WANJUAN.COM.TW
大陸經銷
廈門外圖臺灣書店有限公司
　　電郵 JKB188@188.COM

ISBN 978-986-94917-2-3
2020 年 5 月初版二刷
2017 年 5 月初版
定價：新臺幣 360 元

如何購買本書：
1. 劃撥購書，請透過以下郵政劃撥帳號：
　帳號：15624015
　戶名：萬卷樓圖書股份有限公司
2. 轉帳購書，請透過以下帳戶
　合作金庫銀行　古亭分行
　戶名：萬卷樓圖書股份有限公司
　帳號：0877717092596
3. 網路購書，請透過萬卷樓網站
　網址 WWW.WANJUAN.COM.TW

大量購書，請直接聯繫我們，將有專人為您
服務。客服：(02)23216565 分機 610

如有缺頁、破損或裝訂錯誤，請寄回更換
版權所有·翻印必究
Copyright©2020 by WanJuanLou Books CO., Ltd.
All Right Reserved　　　　Printed in Taiwan

國家圖書館出版品預行編目資料

筆尖上的成長：名師教你寫作文. 卷一 / 王
素敏編著.-- 初版.-- 桃園市：昌明文化出
版；臺北市：萬卷樓發行, 2017.05
　冊；　公分
ISBN 978-986-94917-2-3(下冊：平裝)
1.漢語教學 2.作文 3.中等教育
524.313　　　　　　　　　　106008397

本著作物經廈門墨客知識產權代理有限公司代理，由華文出版社有限公司授權萬卷樓
圖書股份有限公司出版、發行中文繁體字版版權。